사랑의 미래 /

이광호는 문학평론과 에세이를 쓰며, 책 만드는 일을 한다. 산문집 『지나치게 산문적인 거리』 『너는 우연한 고양이』 『장소의 연인들』과 비평 에세이 『작별의 리듬』, 그 외 『이토록 사소한 정치성』 『익명의 사랑』 『시선의 문학사』 등 다수의 비평집을 썼다.

사랑의 미래

초판 1쇄 발행 2011년 10월 11일
초판 7쇄 발행 2025년 6월 27일

지은이 이광호
펴낸이 이광호
펴낸곳 ㈜문학과지성사
등록번호 제1993-000098호
주소 04034 서울 마포구 잔다리로7길 18(서교동 377-20)
전화 02) 338-7224
팩스 02) 323-4180(편집) / 02) 338-7221(영업)
전자우편 moonji@moonji.com
홈페이지 www.moonji.com

ⓒ 이광호, 2011. Printed in Seoul, Korea
ISBN 978-89-320-2237-6 03810

이 책의 판권은 지은이와 ㈜문학과지성사에 있습니다.
양측의 서면 동의 없는 무단 전재 및 복제를 금합니다.

사랑의
미래

이 광 호

문학과지성사
2011

차례

이 책은 왜 씌어졌을까? 8

프롤로그 한때 새들을 날려 보냈던 계절들 12

1부 그의 시간 속에서

너무 빠르거나 늦은 그대여 20
저 나무 아래 내 마음을 24
세상에 같은 사람은 없네 30
손가락 끝에서 시간의 잎들이 34
당신이라는 말 참 좋지요 40
우리 입술은 동시에 피고 지는 44
그 시선이 멈추었던 그 순간 50
수만 광년 먼 먼 별에서 흐르는 54
꿈에도 깃들지 않는 첫사랑 60
몸 얻지 못한 마음의 입술이 64
미각을 상실하다, 즉 사랑을 잃다 70
사진 속엔 그녀가 살까? 76
너의 이름들을 붙였다, 뗐다 82
꿈속에서 너를 보면 88
그녀와 대화하는 방법 94
제 안에서 들끓는 길의 침묵을 100
찬란한 고통의 축제 106
이젠 되도록 편지 안 드리겠습니다 112
내 몸속에 들어온 너의 몸 118
너를 기다리고 있다는 기척 122

2부 그녀의 시간 속에서

네 목소리가 들렸다 128
맹세는 따뜻함처럼 우리를 배반했으나 134
너는 나의 목덜미를 어루만졌다 140
마지막 눈이 내릴 때 146
당신, 냄새의 세계 152
그대가 나였던가, 바닷가에서는 156
내 사랑하는 시월의 숲은 162
달이 걸어오는 길에서 사랑은 166
당신 생일날 안부 전해요 172
우연의 유희 속에서 그들은 178
당신 얼굴 속의 당신 얼굴을 184
너는, 너는 잘도 잔다 190
다리는 사랑을 배운다 196
고독이라는 거울 202
울 수 있었던 날들의 따뜻함 208
잊혀진 상처의 늙은 자리 212
잘 있지 말아요 그리운…… 218
나 그대를 안았던가 224
이별의 거울 속에서 228

에필로그 이제는 그대 흔적을 찾지 않고 234

이
책
은
왜
쓰
여
졌
을
까
?

 이 책은 사랑을 이야기하는 다른 방법에 대한 작은 탐색이다. 이를테면, 사랑에 관한 1인칭의 고백과 2인칭의 대화와 3인칭의 묘사가 공존할 수 있을까, 시적인 이미지와 간명한 서사와 에세이적인 사유는 어떻게 교차할 수 있을까, 와 같은 헛된 시도 말이다. 시적인 것과 소설적인 것과 에세이적인 것이 뒤섞인 글쓰기를 향한 무모한 동경은 오래되었다.

이것은 또한 사랑의 (불)가능성에 대한 사소한 사유의 궤적이다. 여기, 사랑을 둘러싼 문장들은 사랑의 매혹이 아니라 무기력감에 더 가까울 것이다. 그럼에도 불구하고 여전히 저 진부하고 상투적인 '사랑'에 대해 아직 말할 수밖에 없다는 것이 내게는 중요하다. 어쩌면 여기에서 사랑을 둘러싼 40편의 공허와 1편의 기이한 위로를 만나게 될 것이다.

나를 흔들었던 날카로운 가시 같은 문장들을 빌미로 이 이상한 글쓰기는 시작된다. 이 글을 '허구적인 에세이' 혹은 '픽션 에세이'라고 불러도 되겠지만, 이야기의 주인공과 글쓰기 주체의 얼굴과 이름이 지워진다는 의미에서 '익명의 에세이'라고 할 수도 있겠다. '그'와 '그녀'는 복수의 '그들'이거나 혹은 '당신들'이거나 '내' 안의 사람들이다.

'사랑의 미래'는 사랑의 설레는 혹은 불안한 앞날을 말하는 것이기도 하지만, 사랑이 아직 오지 않았음을, 혹은 사랑이란 아직 오지 않은 어떤 것, 영원히 오지 않을 어떤 것에 대한 이상한 갈망이라는 것을 암시

한다. 그래서 여기 사랑의 언어는 갈망의 언어라기보다는, 갈망에 대한 갈망의 언어이다.

 이 책의 1부는 '그'의 시간 속에 있고 2부는 '그녀'의 시간 속에 있다. 이 두 가지 층위의 시간은 서로 엇갈리거나 마주 보거나 교차한다. 그 시간 속에 얼룩처럼 뿌려진 이미지들은 모두 각각 최초의 장면이면서 최후의 장면이다. 사랑이란 그 선후를 알아낼 수 없는 이미지들의 사건이다. 사랑의 마지막 순간, 그 모든 장면의 순서에 대해 입을 다물게 된다.

 극단의 공허는 최선의 위로만큼 표현되기 어렵다. 사랑이 불가능하다는 것을 말하기 위해, 사랑이 하나의 관념으로 요약되지 않는다는 것을 말하기 위해, 그래도 사랑이 다시 시작되는 일은 피할 수 없다고 말하기 위해, 이토록 어눌한 언어들이 필요하다는 것이 부끄럽다.

 이 글들은 2010년에 씌어졌다. 그 여름에서 가을 사이, 방어할 길이 없는 적막한 시간을 마주했고, 더 가난한 시간은 없을 것이라고 생각했다. 너무나 어리석게도……

〈웹진문지〉 연재 때 따뜻한 관심을 보여준 익명의 독자들과 앞으로 이 책을 읽게 될 미지의 독자들에게 감사한다. 이 책이 어떤 느낌을 공유한 이름 없는 공동체의 계기가 된다면 글 쓰는 자의 더할 나위 없는 영예일 것이다. 이 책을 통해 '우리'가 늦게 온 예감처럼 만날 수 있다면, 이 허술한 글쓰기는 용서받을 수 있을까?

2011년 10월
이광호

프롤로그

한때 새들을 날려 보냈던 계절들

한때 새들을 날려 보냈던 기억의 가지들을 위하여
어느 계절까지 힘겹게 손을 들고 있는가.

— 기형도, 「조치원」

사랑하는 자는 하나의 장소를 만나고, 다른 계절로 떠나야 한다. 그 사람의 계절은 보다 더 짧거나 더 강렬하거나 더 느릴 수도 있다. 우리가 같은 문장에 머무를 수 없는 것처럼, 생을 통해 하나의 계절을 지킬 수는 없다. 계절이란 기억과 시간에 대한 단념의 이름이다. 한 여자와 한 남자의 이야기가 있다. 이건 그들이 통과한 계절들의 이미지, 그 끝을 알 수 없는 계절들의 돌이킬 수 없는 순환에 관한 것이다.

그 겨울의 눈들은 사소한 체념의 순간들에 비례했다. 눈은 어떤 시간을 끊어낼 수도 있었고, 오직 공간만이 존재하는 세계를 선물할 수도 있었다. 그해 불완전한 첫눈이 내렸고 그렇게 기다리는 것들이 무심히 찾아왔다. 누군가는 1월이 오기 전에 먼저 떠나야겠다고 다짐했지만, 먼저 떠날 수 없다는 무력감에 조금씩 무너졌다. 12월. 한 사람을 사랑하게 될 수도 있고, 한 사람의 붉은 방과 결별할 수도 있는 달.

바람과 비와 진눈깨비가 함께 흔들렸고, 뒤섞여 내리는 것들은 아직 오지 않은 시간과 되돌아갈 수 없는 시간 사이에서 몸 둘 바를 몰랐다. 늦은 겨울과 이른 봄이 마주 보았던 날들. 얼어붙은 호수가 보이지 않는 곳부터 녹는 시간, 기다림보다 약간 빨리 계절이 왔다. 이른 봄날에, 떠난 사람을 기억하는 일은 언제나 어울렸다. 시작되는 것은 죽은 것을 기억하게 했다. 봄꽃들이 맥락 없이 한꺼번에 피면서 져버리고, 사람들은 장례식과 묘지를 찾아다녔다. 봄비가 계절을 지운 듯 늦가을 비처럼 내렸다. 첫번째 설렘도 지워버리고 무겁게 봄이 갔다.

 5월은 어긋날 것처럼 화사했고, 초여름 산에서 소나기를 만난 뒤 내려와보면 쨍한 햇살이 농담처럼 서 있었다. 두꺼운 습기로 가득 찬 여행지의 안개 속을 헤매다 돌아오면 즉물적인 도시가 웅크리고 있었다. 여름날 아침, 창문으로 쏟아지던 햇살은 때로 오래된 환멸을 대신했다. 폭풍과 비가 지나간 뒤의 거짓말 같은 하늘은 기이하고 몽환적이었다. 계절이 바뀌기 위해서는 다시 많은 비가 필요했다.

 순하고 무심한 짐승처럼 가을을 맞이했다. 완벽한 가을을 통과하는 시간도 있었다. 더 이상 기다림 따위를 배려하지 않는 가을. 완전한 가을의 며칠은 한숨처럼 짧았다. 아침에 추락하는 것들과 저녁에 낙하하는 것들은 같은 세월 안에 있었다. 11월의 마지막 밤은 모든 마지막 밤을 불러들였다. 마지막이어서 막막하지만 마지막이어서 다행이었다. 그래서 계절은 마지막의 마지막까지 천천히 나갈 수 있었다. 가을이 완전히 소멸하기까지 여러 번 먼저 꺾였지만, 한순간의 완벽한 가을을 자기 안에 새겨두는 오래된 몸이 남았다.

계절과 계절 사이에 있을 때, 시간의 다른 실감을 만난다. 또 다른 겨울날이 찾아와서, 옛 무덤 근처 모든 자취를 지워버린 눈 위에 첫발자국이 찍혔다. 다시 3월. 초현실적인 늦은 눈이 왔다. 지난 계절에 내뱉지 못한 말 같은 늦은 눈. 또 한 번 공기가 상냥해지고 봄꽃들은 간절함을 다해 피어났지만,

봄은 단념하기 좋은 계절이다.
아름답고 불가능한 계절들.

계절들이 기억할 수 있는 것은 어떤 리듬일 뿐이다. 그 몇 개의 계절들은 돌이킬 수도 돌이킬 필요도 없었다. 지난 계절의 지독했던 기침을 어느 날 문득 삼켜버린 것처럼, 그렇게 그 세월을 삼켜버리면 되었다. 익숙한 거리의 상점과 밥집들이 잊히는 것처럼, 그렇게 망각의 힘을 믿게 될 것이다. 계절에는 미래가 없다. 한번 가지에서 날아간 새들이 어디로 갔는지 우리는 알지 못한다.

다만 저녁의 새들이 갑자기 침묵하는 순간처럼,
그 계절들이 한꺼번에 들이닥치는 순간이 있는 것이다.

너무 어리거나 너무 늦은 사랑이, 그렇게 지나갔다. 서로 엇갈리는 긴 시간보다 분명한 것은 그 기억조차 흐려지는 날이 온다는 것. 언어만이 그 계절들을 봉인한다. 어떤 사랑의 이야기는 망각의 힘으로, 망각하려는 힘으로, 다시 쓰인다. 기억보다 더 오래된 세월을 향해.

1부 그의 시간 속에서

너무 빠르거나 늦은 그대여

서러움 아닌 사랑이 어디 있는가 너무 빠르거나 늦은 그대여,
나보다 먼저 그대보다 먼저 우리 사랑은 서러움이다

―― 이성복, 「숨길 수 없는 노래 2」

그의 사랑은 노인의 표정과 소년의 얼굴을 갖고 있다. 저녁 어스름이 찾아오면, 소년은 자신의 사랑이 너무 늙었음을 깨닫는다. 사랑은 시간의 칼날 위에서 일어나는 사건이다. 사람들은 '영원성'에 관해 말한다. 마치 불변하는 어떤 것이 있는 것처럼, 오래된 거짓말처럼.

두 사람의 열정이 어떤 정점에 이르는 순간의 충만함이 무의미한 것은 아니다. 그 충만한 순간의 강렬함 때문에, 그것은 완벽한 현재로 살아남는다. 그 기억으로 인해 사랑이 지리멸렬해지는 때에도, 그 순간의 영원성은 보존된다. 그 완전한 현재는, 지속 가능하다는 의미가 아니라 몸에 새겨진 기억의 감각이 살아남아 있다는 의미다.

하지만 사랑에 관한 속도에서 언제나 두 사람이 나란히 가는 것은 아니다. 대개의 경우, 그들은 다른 시간대에 살고 있다. 어느 겨울, 떠들썩한 술자리에서 우연히 함께 빠져나온 두 사람이 차를 잡기 위해 건널목 앞에 섰을 때, 그가 불현듯 그녀의 손목을 잡고 붉은 신호등이 사라진 건널목을 뛰어서 건너갔다. 두 사람의 손은 마치 그들보다 먼저 그 순간을 준비한 것 같았다. 그의 손은 지나치게 따뜻했고, 그녀의 손은 놀랍도록 부드러웠다. 건널목은 마치 그들이 건너가지 않으면 안 되는 세상의 경계 같은 것이었다. 그 순간 하나의 내밀한 이야기가 시작된다. 연말의 거리는 춥고 번잡했으며, 낭만적인 눈도 내리지 않았다. 훗날 그들은 자신들이 건너간 경계선이 얼마나 의미심장한 것이었는지를 알게 되었다. 그 장면은 그들의 개인 신화가 되기에 충분했다.

 손을 잡고 건널목을 건너갈 때, 그들이 처음 함께 맞춘 걸음의 속도. 그러나 그들은 계속 같은 보폭으로 걸어가지 않았다. 어느 순간, 그는 너무 빨리 걸어갔고, 그녀가 그 속도에 익숙해질 무렵, 그는 이제 더 이상 빨리 걷지 않았다. 그가 자신의 사랑을 무모하게 믿고자 했을 때 그녀는 그 의미를 몰랐고, 시간이 흐른 뒤 그녀가 사랑의 미래를 보았다고 생각했을 때, 그는 헛된 자신감을 잃었다. 그런 엇갈린 주기들이 반복되었다. 그들에게 서로는 언제나 너무 빠르거나, 느렸다.

그들은 동시에 사랑하지 않았다.

 그들이 사랑한 시간은 언제나 조금씩 엇갈렸지만, 그것은 피할 수 없는 일이었다. 그들은 사랑의 온도와 속도의 어긋남 때문에, 때때로 숨이 끊어질 것 같았다. 사람들은 시간의 가혹한 신호를 눈치채지 못하다가 어느 순간, 갑자기 눈앞에 와 있는 파국을 알아차린다. 마침내 그는 스스로에 대해 아무것도 기대하지 않았다.

그렇다고 해서, 그들이 사랑하지 않은 것은 아니다.

아마 그녀가 자신과는 다른 시간대에서 사랑하고 있다는 것을 그가 이해할 수 있다면, 그는 그녀를 더 많이 받아들일 수 있을 것이다. 그러나 자신의 몸과 영혼이 속해 있는 시간대 너머로 사랑하는 것은 지독하게 어려운 일이다. 현재는 언제나 위태로우며 미래는 텅 비어 있다. 사랑은 그 사람의 시간을 기다려주지 않는다.

돌이킬 수 없는 것만이 사랑이다.

저
나
무
아
래
내
마
음
을

저 나무 아래 내 마음을 기댄다네
마음을 다 놓고 갔던 길은 일테면
길이 아니고 꿈이었을 터 아련함으로 연명해온
생애는 쓰리더라

── 허수경, 「꽃핀 나무 아래」

잊을 수 없는 장소는 잊을 수 없는 시간의 다른 이름이다. 그들이 많은 곳을 함께 다녔던 것은 아니었다. 그는 언제나, 그녀와 함께 아주 멀리, 세상 끝의 이미지를 가진 장소로 가고 싶어 했다. 그러나 바람의 얼굴을 하고 함부로 떠나는 일은 그에게 일어나지 않았다. 그는 한때, 여행 가방에 집착한 적이 있었다. 어떤 여행 계획도 없이 트렁크를 구경하거나 충동적으로 그것을 사들이는 것은, 그의 허영 중의 하나였다. 그 떠남의 기표에 그가 매료되었던 것은, 그가 현실의 중력에 갇혀 있다는 것을 의미했다. 그럴수록 그는 더욱 상상적 여행 속으로 침잠했다. 모든 여행은 현세의 바깥을 향한 충동이라는 측면에서 '임사(臨死)'의 체험이다. 귀환하지 않아도 되는 여행은 죽음뿐이다.

> 완전한 사랑이란 돌아올 수 없는 여행 같다.
> 그러나 살아 있는 한 우리는 돌아와야 하고,
> 그래서 사랑의 여행은 지속되지 않는다.

떠날 수 있는 기회가 많지 않았던 그가 좋아하던 공원의 호수가 있었다. 적당히 낡아서 이제는 그 인공의 정원들마저 자연적인 것처럼 느껴지는 그 공원은 호수를 품고 있어서 공원다웠다. 그리고 그 호수의 주변에는 제법 자란 나무들이 서 있었다. 어느 가을의 초입, 그들에게 산책의 기회가 주어졌다. 세상의 초록들이 점점 힘을 잃어가고, 어떤 열정도 그 푸른빛의 쇠락을 멈출 수 없다는 것을 알게 될 즈음, 그들은 호숫가 벤치에 앉아 있었다. 잔잔한 수면과 가볍게 스치는 바람은, 어떤 조용한 도취, 절제된 황홀감을 불러들였다. 시간은 수면의 잔잔한 파문처럼, 조용히 번져갔다. 더할 나위 없는 연인들의 시간이었다. 그들의 시야에 함께 들어온 것은 호수 저편의 나무 한 그루였다. 그 나무가 눈에 띄었던 것은, 그것만이 유일하게 계절을 앞질러 가고 있었기 때문이다. 단풍이 막 시작되려 하는 주위의 나무들과는 달리, 그 나무는 혼자 이미 짙은 갈색을 뿜어내고 있었다. 마치 시간을 앞질러 가는 돌연변이처럼, 그 나무는 늦가을의 시간으로 진입해 있었다. 그들은 나무의 이름을 정확하게 알지 못했지만, 이를테면 '귀룽나무' 같은 이름이라도 괜찮았다. 그들은 그 나무의 이미지가 만들어내는 어떤 조바심과 외로움에 침윤되었다.

"저 나무도 우리처럼 성질이 급한 거야."

그렇게 말한 것이, 그였어도 그녀였어도 상관은 없었다. 한순간의 달콤한 미풍이 다시 그들을 흔들었고, 그 순간 어떤 낭만적인 약속이 성립된 것을 그들은 알았다. 그 나무의 계절에 대한 착오를 그들의 사랑과 동일시했을 때, 이미 그 나무는 낭만적인 표상이 되어 있었다. 가령 어느 어긋난 세월을 지나, 우연히 그 나무 아래서 그들의 사랑이 다시 시작될 것 같은, 그런 진부한 약속 같은 것.

낭만적 약속은 지켜지지 않기 때문에 슬픈 것이 아니다.
그 약속의 무기력과 무의미를 간파하는 시간이
반드시 오기 때문이다.

그 사람이 있는 장소가 그 사람을 말해줄 것이다. 어떤 장소와의 결별이란 어떤 시간과의 결별이기도 하다. 한 사람에게 하나의 장소와의 결별은 꽤 오랜 시간이 걸리기도 한다. 그는 어느 여름날 그 나무를 혼자 찾아갔다. 마음을 다 놓고, 길이 아닌 어떤 꿈처럼. 여름날의 나무는 지극히 평범한 녹음에 싸여 있었다. 낭만적 약속에 대한 기대 때문이 아니었다. 우연히 그곳에 그녀가 와 있을 것 같은 상투적인 환상은 처음부터 그의 것이 아니었다. 그는 달콤한 우연에 기대지 않는 사람이었다. 그는 다만 그녀의 부재를, 그 부재의 장소를 보고 싶었다. 그 나무 아래서 그 부재의 구체성을 느끼고자 했을 때, 그는 자신 안에 도사린 또 다른 낭만적 환상을 발견했다. 어쩌면 다른 시간에 그녀가 그의 부재를 만나러 그곳에 왔을 수도 있다는. 혹은 미지의 어떤 미래에 그녀가 그곳에 들를 수도 있다는. 그는 자기 안에 또 하나의 환상이 남아 있다는 것에 대해 약간 절망했다. 그것은 확인할 수 없는 아련한 환상이었다. 마치 이 시간, 지구의 저편에서 같은 물방울이 떨어지는 것을 우리가 알 수 없는 것처럼.

그는 다만 그녀의 부재를, 그 부재의 장소를
보고 싶었다.

세상에 같은 사람은 없네

세상에 같은 사람은 없네
그토록 좁은 곳에서 나 내 사랑을 잃었네

─기형도, 「그 집 앞」

그 사람은 '당신'에게 유일하다. 한 사람을 사랑하는 이유 중의 하나는 그 사람이 고유한 존재이기 때문이다. 그 사람이 누구와도 닮지 않았고, 누구와도 대체될 수 없는 존재라는 사실은 사랑의 필연적인 근거가 될 수 있다. 그의 목소리, 그의 몸짓, 그의 몸의 선과 사소한 무게들, 때로 그의 무심함과 어긋남과 악마적인 행동까지도 그의 유일함을 증거하는 것 같다.

그라는 존재의 유일함은 한눈에 알아볼 수 있는 것은 아니다. 한눈에 매혹되는 것은 다만 그의 첫번째 이미지고, 그 이미지들을 만지고 또 만지면서 그 사람의 고유성을 완성해간다. 그가 그녀를 처음 본 것이 늦은 겨울날이었다 해도, 그녀의 완벽한 유일성이 완성된 것은 그 후의 일이었다. 그와의 관계 속에서 그녀의 이미지가 끊임없이 경이로운 발견의 시간을 만들었을 때, 그는 그제야 그녀의 유일함을 확신하기 시작했다.

그들은 일몰의 서해에 간 일이 있다. 바닷가의 낡고 허술한 음식점들과 그들이 달려온 검은 갯벌이 만드는 뻑뻑한 지평선은 아름답지 않았다. 그럼에도 불구하고 보랏빛의 해가 지는 일은 몽환적이고 신비했다. 해가 지는 장면을 처음 본 것처럼, 그녀는 들뜬 소녀의 얼굴을 하고 창밖으로 뛰어나가, 일몰의 빛 속에서 산란하는 뒷모습을 드러내었다. 배가 들어오지 않는 선착장의 끝은 만조의 바다를 향해 위태롭게 뻗어 있었다. 그 순간, 세상에서 유일한 것은 일몰의 장면이 아니라, 그 빛 속에서 신비하게 흔들리는 한 사람의 뒷모습이었다.

그녀의 고유함은 해가 뜨고, 해가 지는 일보다,
훨씬 경이로운 일이었다.

한동안, 서해를 갈 수 없었을 때, 그녀의 유일함은 이미 다른 시간의 빛깔이 되어 있었다. 어긋나는 시간들과 감당할 수 없는 붉은 밤들이 장난처럼 지나갔을 때, 그녀의 유일함은 무엇으로도 메워지지 않는 깊고 어두운 구멍 같은 것이 되었다. 그 구멍은 그녀의 유일함이 일종의 착시일 수 있으며, 그 자신이 만들어낸 최후의 이미지였다는 것을 말해주었다. 그러나 그것을 알게 되었다고 해도, 그것은 그녀의 잘못도 그의 잘못도 아니었다.

누구에게나 삶은 상투적인 것이고,
삶의 지독한 상투성은 그 사람의 유일함을 앗아갔다.

세상에 같은 사람이 없다는 것은, 경이로운 일이면서 뼈아픈 일이다. 같은 사람이 없기 때문에, 그 사람은 영원히 가슴 아픈 착란의 상태에 머문다. 그가 누구와도 같지 않기 때문에 그를 사랑하거나, 혹은 똑같은 이유로 그를 결코 사랑할 수 없다. 그러니 차라리 그 사람의 유일함은 나의 착각이나 환상이었다고 생각하는 편이 나을지도 모른다. 그 사람의 유일함이 보존될 수 있다면, 사랑은 가능한 것이 될 것이다. 하지만 삶의 상투성이 자신의 상투성을 규정하는 지리멸렬한 시간 속에서 유일한 것은 모두 먼지처럼 바스러진다.

누구에게도 세상의 모든 뒷모습이 상투적이라는 것을 깨닫는 공허한 순간이 올 것이다. 다만 그에게 남겨진 것은 그 일몰의 만조 바다에서 보았던 한 사람의 뒷모습을 봉인하는 것, 그 봉인을 통해 그녀의 고독한 유일함을 은밀하고 이기적인 방식으로 보존하는 것일 뿐. 그래서 그녀의 고유한 고독을 해소할 수는 없다.

손
가
락　끝
에
서　시
간
의　잎
들
이

내게서 제일 멀리 나와 있다.
손가락 끝에서 시간의 잎들이 피어난다.

— 진은영, 「긴 손가락의 詩」

그들의 손가락이 가장 길었던 시간이 있다. 늦은 밤의 공원, 어둠 속에서 나무들이 지친 녹음으로부터 얇은 공기를 뿜어냈고, 그들은 달콤한 침묵에 휩싸인 채 손을 잡고 걸었다. 몇 그루의 나무를 지나친 뒤 서로의 손을 깍지 꼈을 때, 그들의 손가락은 서로의 손등을 감싸기 위해 조금 길어졌다. 또 몇 그루의 나무를 지나친 뒤, 손가락은 조금 더 길어져 서로의 목덜미로 뻗어 나갔고, 그 길의 끝에서 손가락은 서로의 허리를 어루만지기 위해 조금 더 길게 뻗어 있었다. 서로의 몸을 감싸기 위해 한껏 길어진 손가락 사이로, 어두운 바람이 꿈처럼 스쳐 지나갔고, 그들의 손가락은 연인의 영혼을 향해 다시 조용히 뻗어 나가기 시작했다.

세상의 모든 연인들은 연인에게 닿기 위한 긴 손가락을 가지고 있다.
연인들의 손가락은 자라난다.

그녀는 긴 손가락을 가졌던가? 그녀의 손가락에 관한 첫번째 매혹의 순간은 그들이 마주 앉은 밥집에서였다. 반찬을 능숙하게 집어내지 못하는, 어린아이처럼 엉성한 그녀의 젓가락질은 미소를 자아내게 했지만, 그 미숙한 젓가락질을 바라보던 그는 동질감을 느꼈다. 그도 역시 젓가락질을 잘하지 못했으며, 그 순간 두 사람은 세상에 일찍 나온 한

쌍의 미숙아들처럼 느껴졌다. 그러나 그녀의 손가락만은 미숙아의 것이 아니라, 완전한 아름다움을 지니고 있었다. 물컵을 들어 올리는 손의 미묘한 각도에 그는 단번에 매료되었다. 그녀의 완벽한 손가락만이 그들 사이에서 완성된 아름다움을 보유하고 있었다.

   손가락이란 무엇인가? 손가락은 무엇을 가리키기 위해 존재하는 것일 수도 있다. 손가락은 그것이 가리키는 대상에 대한 '나'의 생각을 표현한다. 손가락은 지적하고, 감탄하고, 축복하고, 약속하고, 경고하고, 판정하고, 경멸하고, 망설이고, 때로 침묵한다. 가령 '침묵'이라는 말을 표현하기 위해 손가락을 입술에 갖다 댄다. 그런데 손가락은 역설적으로 '내게서 가장 멀리 나와 있는' 지점이다. 손가락은 몸의 극지(極地)다. 몸의 중심으로부터 가장 먼 곳에 매달려 있는 연약한 손가락은 혹시, 몸과 '나'의 바깥으로 도주하고 싶은 것은 아닌가. 손가락은 '나 아닌 것'과 소통하고 '나 아닌 것'이 되려는 움직임 자체이다. 연인을 향해 뻗어 가는 손가락은 '나 아닌 것'과 연결되려는 욕망이다.

'나 아닌 것'을 향한 가장 간절한 갈망을 표시하는 손가락은 영혼의 성기이다.

어떤 손가락은 참혹한 장면들을 만들어낸다. 그의 자기기만과 허언 때문에 그들이 다투어야 했을 때, 그는 발작적으로 소리를 지르며 그녀를 향해 손가락질을 했다. 그 손가락질은 뻔한 자기기만을 은폐하기 위한 것이었고, 그는 그 손가락이 실제로는 자기 자신을 향한 것이라는 것을 알았지만, 내려놓지 못했다. 그는 자신의 광기의 책임이 그녀에게 있다고 몰아붙였지만, 광기의 근원은 그 안의 다른 광기일 뿐이다. 그는 추한 자신의 모습이 혐오스러워서 더욱 추해졌다. 도덕적 정당성을 내세우는 광기야말로 가장 천박하고 폭력적인 광기이다. 그것이 고작 '사랑받고 싶다'는 사소한 동기에서 출발했다고 해도. 참담하고 기만적인 시간이 지나간 다음, 그는 자신의 부끄러운 손가락을 쳐다보지 못했다.

그녀에게 닿는 손가락의 시간들을 잃어버린 후, 늦은 꿈속에서 그는 어두운 덤불 사이로 손가락을 넣었다. 어떤 끔찍한 감촉이 스쳐간 후 순식간에 그는 손가락을 잃었으며, 감각되지 않는 통증 때문에 더욱 참담해졌다. 빽빽한 어둠 속을 한참 헤매면서 수풀 사이에 버려진 퍼렇게 변한 손가락 마디를 찾아낸 다음, 간신히 길고 끈끈한 잠에서 깨어 나왔다. 그는 꿈속에서 자신의 손가락을 매장할 여유조차 갖지 못했다. 그는 희미한 공포에 사로잡혀 자신의 손가락을 확인해보았다. 손가락은 그대로였으나 조금 짧아져 있었다. 그의 손가락은 그녀의 부드러운 손길이 스쳐 지나면 조금씩 자라났으나, 이제는 점점 뭉뚝해져갔다. 그것은 영혼의 길이가 짧아지고 있음을 의미했다. 묵직한 공허가 찾아왔기 때문에, 그는 아침을 감당할 수 없었다. 어떤 엉뚱한 희망도 이젠 뭉뚝한 영혼의 것이 아님을 알았다.

그들의 손가락은
연인의 영혼을 향해
다시 조용히
뻗어 나가기 시작했다.

당신이라는 말 참 좋지요

당신이라는 말 참 좋지요,
내가 아니라서 끝내 버릴 수 없는, 무를 수도 없는 참혹……

— 허수경, 「혼자 가는 먼 집」

그는 그녀를 2인칭으로 부르는 것을 좋아했다. 그것은 그와 그녀가 은밀한 2인 공동체를 결성했음을 보여주기 때문이었다. '나'와 '너'만의 성채 속에서, 두 사람은 세상으로부터 격리된 채, 완전한 소통을 이루었던 것이다. 둘만의 작은 공간에서 깊게 흔들리는 눈을 들여다보고 '너'라는 이름을 부르거나, 한 사람만을 위한 은밀한 언어들을 메일로 보낼 때, 그들은 완벽하게 세상과는 절연된 2인의 왕국을 만들어낸 것 같았다.

어느 환한 봄날의 꽃그늘 아래서, 그가 지상에서 가장 나지막한 목소리로 그녀를 불렀을 때, 다만 이름을 부르는 것만으로 그 시간은 완벽했다. 그 목소리가 들리는 순간, 시간은 모든 모욕을 잊어버리고 조용히 닫혔다. '너'를 부르는 것 자체가 이미 어떤 간절한 전언을 머금고 있었다.

2인칭은 주술의 호명이다. 한 사람이 누군가를 2인칭으로 부를 수 있다는 것은, 당신이 '여기'에 있다는 것을 의미한다. '너' '당신' '그대'라고 호명할 때, 2인칭은 언제나 지금 현전하는 것을 대상으로 한다. '내'가 부를 때, '당신'은 내 눈앞에 있어야만 한다. 혹은 '내' 목소리를 당신이 들을 수 있어야 한다. 2인칭은 1인칭이 만들어낸 간절한 대상이다. 1인칭이 2인칭을 부르는 그 순간, '나'는 '너'로 인해 '내'가 된다. 2인칭 당신이 있기 때문에 1인칭은 2인칭을 그리워하거나, 간절히 바라거나, 혹은 원망하거나 증오할 수 있다. 2인칭은 매혹적이고 불길한 호명이다.

그러나 2인칭 '당신'의 현존성은 '영원한 현재'에만 속한다. '당신'을 2인칭으로 부르는 순간은 계속 지속될 수 없다. 한 사람의 입술에서 '너'를 향한 원망을 쏟아낼 수도 있으며, '너'라고 불렀던 또 다른 사람이 있었고, 또 있을 수 있다는 가능성은 언제나 잔존한다. 지금의 '당신'은 시간이 지나면, '그'이기나, '그녀'이거나, '그것'이 되어버린다. 2인칭은 시간의 악마적인 폭력 앞에서 언제든 3인칭이나 무인칭이 되어버릴 수 있다. '내'가 언젠가는 사라질 존재인 것처럼, '당신'도 그러할 것이므로. '나와 너' 사이의 이 가슴 벅찬 관계의 직접성은 영원할 수 없다. '너와 나'의 시간은 순식간에 허공으로 사라진다. 2인칭은 언제든 날아가버릴 수 있는 휘발성이 강한 호명이다. 그 완벽한 호명의 순간에는 설명할 수 없는 불길함이 스며들어 있다.

'너'의 시간이 순식간에 흩어지고, 봄꽃과 진눈깨비의 나날들이 지나간 뒤, 봄날은 풍문처럼 아득해졌다. 그가 창가의 하얀 화분을 향해

'너'라고 불렀을 때, 그는 사람들이 가끔 사람이 아닌 동식물에 집착하는 이유를 알게 되었다. 화분은 도망가지도 않고 늘 눈앞에 현존했지만, 그것은 시선과 목소리를 가지고 있지 않는 대상이었다. 화분들은 그의 고독의 등가물이 될 수는 있지만, 그의 2인칭이 될 수는 없다. 그것들을 너라고 불러야 할 만큼, 2인칭은 이미 불가능한 대상이었다. 그는 자신이 불렀던 2인칭이 과연 그녀를 향한 것이었던가를 생각했다. 그는 그녀가 아닌, 그 자신 속의 '너'라는 이름의 욕망을 호출한 것이 아니었을까?

어떻게 '너'는 '영원한 너'가 될 수 있을까? 날아가버릴 듯한 '너'를 넘어서, 결코 '그것'이 되지 않는 '영원한 너'라는 존재는 종교적인 것이다. 그러나 욕망이 살아 있는 한 그의 사랑은 종교가 되지는 않았다. 지금 사랑하는 2인칭의 자리는 그토록 불안하다. '내가 아니라서' '당신'이라는 말은 그토록 아름답고 '참혹하다.' '너'라는 이름의 참혹, 혹은 끊임없이 새로워지는 지옥 같은 것. '너'라는 환한 지옥에서 살았던 한 철이 지나면……

2인칭의 주술이 끝나면, 사랑도 끝난다.

우리 입술은 동시에 피고 지는

내 그리움이 크면 당신의 입술이 열리고
당신의 그리움이 크면 내 입술이 열립니다
우리 입술은 동시에 피고 지는 두 개의 꽃나무 같습니다

―이성복, 「입술」

입술의 기억은 몸의 기억에 우선한다. 입술은 연인들의 몸에서 가장 예민한 영역이다. 마치 살갗이 벗겨진 것 같은, 여리고 투명한 껍질에 감싸인 곳. 그래서 가장 먼저 느끼고, 가장 날카롭게 느끼는 곳. 그 사람의 욕망과 그리움을 직접적으로 반영하는 곳. 멍하니 있을 때도 이미 하나의 표정을 드러내는 곳. 아이가 문법 이전에 입술의 모양으로부터 욕망의 언어를 배우고 말하는 것처럼, 입술은 벌어져 있음으로써 어떤 욕망을 표현한다. 입맞춤은 원초적인 입술의 전언이다.

입술은 문장을 말하기 전부터 이미 하나의 언어이다.

그들이 입술의 감각을 공유하지 못했다면, 사랑이 시작되지 않았을 것이다. 그들이 서로의 입술을 처음 나눈 곳은 로맨틱한 공간이 아니었다. 늦은 밤의 번잡한 술집을 나와서 그들은 냄새나는 좁은 복도와 계단을 내려와야 했다. 계단을 내려가 휘황한 거리로 나가면, 그들은 다시 현세의 시간으로 돌아가야 했다. 계단을 몇 걸음 내려왔을 때, 그는 충동적으로 그녀의 어깨를 살짝 붙잡았다. 계단은 상승과 추락의 가능성을 동시에 안고 있는 불안정한 공간이다. 계단 위에서 사람은 자기 꿈의 매혹과 그 위험을 동시에 감지한다. 그런 이유로, 어린 시절의 그는 계단이 있는 집에 그토록 매혹되었을 것이다.

처음 가보는 그런 불안정한 장소에서 첫 키스가 이루어진다는 것을 상상하기는 어려웠다. 인기척이 들렸으나, 그때 그들은 마치 외부와 단절된 둘만의 세계에 있는 듯한 착각에 사로잡혔다. 그는 자신의 돌발적인 용기에 경의를 표해야만 했다. 그건 결과적으로는 어떤 멈출 수 없는 시작을 의미했다. 사랑의 서사에서 결과론이란, 그때에는 아무것도 예측할 수 없었다는 변명의 다른 표현이다.

그들 사랑의 역사에서 가장 짧고 부드러운 키스였다.

키스는 성교보다 미학적이다. 키스는 성교보다 오히려 외설적이다. 생식의 행위와 직접적으로 관계없는 순수한 성적 탐닉이라는 측면에서 키스는 음란할 수 있으며, 정서적 교환에 가깝다는 측면에서 키스의 뉘앙스는 훨씬 풍부하다. 물론 성교의 전 단계로써의 키스를 생각할 수 있다. 그 경우에도 성교를 위한 키스가 아니라, 키스의 감각적 자율성을 보존하는 일은 미학적인 것이다. 키스의 순간 그들이 서로의 입술이 너무나 닮았다고 느꼈다면, 그것은 미학적 사건이다. 그러니

'키스의 자율성을 보장하라'

는 주장만큼 낭만적인 것도 없다. 키스할 때의 입술과 입술은 '나'와 '너' 실재와 허구의 분별이 무너진 세계이다. 키스라는 사건은 물리적인 것이 아니라, 시간의 문제이다. 키스의 순간은 현실적인 시간, 물리적인 시간, 일상의 시간을 넘어서 흘러넘친다. 그 범람의 감각 속에는 남자와 여자, 처음과 끝, 과거와 미래, 삶과 죽음이 혼융되어 있다. 그것은 사랑이라는 사건을 압축하고 있다. 키스는 지속되는 실재의 경험이 아니라, 실재 사이에서 명멸하는 순수하게 돌발적인 사건이다. 키스가 끝나고, 그 달콤하고 공허한 여운 뒤로 다시 두 사람의 시선이 마주쳤을 때, 그들은 함께 다른 시간을 통과했음을 알았다. 충만감과 부끄러움과 두려움이 동시에 왔다면, 그들은 이미 둘만의 다른 하늘을 본 것이다.

그러나 세상에 똑같은 키스는 없다. 모든 키스의 감각은 일회적이며, 즉각적으로 휘발된다. 또다시 두 사람이 키스를 통해 어떤 다른 충만감에 도달했다고 해도, 그것은 같은 키스가 아니다. 그 사람의 입술을 찾을 수 없는 시간이 오면, 그리움을 죽이듯이 창가의 화분이 말라 죽어가고, 그들의 입술은 메말라갈 것이다. 문득 발작처럼 되살아나는 그리움으로 입술이 벌어지는 그 순간에, 먼 곳에서 그 사람의 입술도 열려 있다는 것을 확신할 수는 없다. 그러나 어쩌면 어느 저물녘 먼 곳을 응시하는 그 사람의 눈빛 아래에 조금 열린 입술을 상상할 수도 있다. 감각은 되돌릴 수 없고, 습기 없는 이미지의 기억만이 떠돌 때, 이제 마른 입술을 닫고 침묵해야 한다.

시간은 언제나 단 한 번의 유일한 키스를 훔쳐간다. 여름날의 짧고 우연한 소나기가 햇볕 속에 흔적 없이 사라지는 것처럼. 그녀의 입술을 훔쳐간 것은 그가 아니라, 건기(乾期)의 세월이다.

세상에 똑같은 키스는 없다.
모든 키스의 감각은 일회적이며,
즉각적으로 휘발된다.

그 시선이 멈추었던 그 순간

당신이 나를 스쳐보던 그 시선
그 시선이 멈추었던 그 순간

── 김혜순, 「당신의 눈물」

사랑은 시선의 탄생과 함께 온다. 그녀를 처음 보았던 순간을, 그는 가끔 떠올린다. 그녀는 무대 위에 다소곳이 앉아 여기가 아닌 곳을 꿈꾸는 소녀 같았다. 그는 그녀를 잘 볼 수 있는 위치에 있었지만, 그녀의 시야에는 그가 들어오지 않았다. 그녀의 얼굴과 목소리와 어깨의 선을 그는 느낄 수 있었다. 그 돋을새김한 것 같은 이미지에 매혹되었지만, 그때 그녀는 자유롭게 살아 있는 존재가 아니었다. 그녀는 다만 그의 시선 안에서 눈부셨다. 그가 바라본 세계의 모든 것들은 그녀의 이미지 안쪽으로 휘어져 들어갔다. 그러나 그것을 사랑이라고 말할 수는 없었다. 첫 시선이 사랑의 시작이라고 말할 수는 있지만, 그것이 사랑의 완성을 의미하지는 않는다.

그의 시선은, 그녀의 자유를 가질 수는 없었다.

시선이란 언제나 불공정하다. 그가 그녀를 보았던 시선과 그녀가 그를 보았던 시선이 일치하지는 않았다. 그녀가 그를 바라보기 시작했을 때, 그의 첫 시선은 이미 사라진 후였다. 그와 그녀는 서로에게 풍문과 같았고, 그렇게 서로 다른 풍문의 시간들이 흘러갔다. 후에 그들이 시선의 시간을 일치시키려 했을 때, 그들은 시선의 대상이 아니라, 시선의

그의 시간 속에서

주체로서 동시에 만나야 했다. 비로소 시선을 멈추었을 때, 그들은 시선의 너머로 연결되는 감각의 순간, 시선이 없이도 서로를 만질 수 있는 시간을 만났다.

시선이 정지하는 순간만, 사랑은 완벽했다.
시선이란 언제나 외롭고 잔혹한 것이다.

함께 걸어갔던 골목길이 있다. 번화한 대로를 걷는 것보다 골목길을 걸어가는 것은 어떤 안도감을 주었다. 마치 세상과 격리된 그들만의 작은 길이 은밀하게 준비되어 있는 것처럼. 그녀를 집 근처에까지 데려다 준 뒤, 가끔 그는 그 골목의 희미한 어둠 속에 서서, 사라져가는 그녀의 뒷모습을 끝까지 바라보았다. 세상에는 두 가지 부류의 여자가 있다. 골목길에서 자기를 데려다 준 사람을 뒤돌아보는 여자와 그렇지 않은 여자. 그녀는 뒤돌아보는 일이 거의 없는 사람이었다. 그녀는 곧 돌아가야 할 세계가 있는 것처럼 단호하게 사라졌다. 그녀의 무심하게 바쁜 걸음걸이를 뒤에서 숨죽이며 지켜보는 일은, 때로 사소한 상처를 주었다. 그래서 그는 그녀의 뒷모습을 지켜보지 않으려 애썼다. 어느 날, 어쩌다 다시 한 번, 그가 그녀의 뒷모습을 확인하기 위해 잠깐 뒤돌아보았을 때, 그 순간, 뭔가 생각난 것처럼, 고개를 돌리는 그녀를 얼핏 보았다.

  아주 희미한 순간, 뒷모습이 뒷모습을 훔쳐보던 순간.

  시선은 사람을 파괴할 수 있다. 그는 우연히 다른 사람들과 함께 있는 그녀를 보았거나, 혹은 말 한번 건네지 못하고, 그녀의 닫힌 뒷모습만을 멀리서 보아야 했을 때, 차라리 자신에게 눈이 없기를 바랐다. 그에게 시선은 잔인한 것이었다. 훔쳐보는 것은 시선 안에서 대상을 지배하는 것이지만, 사람을 훔쳐보는 것은 또한 고독한 일이다. 잠든 그녀의 옆모습은 우주 바깥으로 무언가를 송신하는 사람의 표정 같았지만, 그 시선만으로 그녀는 그의 것이 될 수 없다. 살아 있는 그녀는 다만 그의 시선의 대상으로만 존재하는 것이 아니었다. 사랑에 관한 모든 이미지는 고독하다. '나'는 언제나 그 풍경의 바깥에 있다. 그리하여 '내' 시선이 포획한 모든 것은 이미 죽어 있다. '내'가 보는 모든 것은 고독하다. 오랜 시간 뒤에 완벽한 고독에 이르게 되었을 때, 그는 드디어 황폐한 뒷모습을 가진 그 자신을 볼 수 있었다. 어떤 시선도 사랑을 가득 차게 할 수는 없었다.

수
만

광
년

먼

먼

별
에
서

흐
르
는

.

수만 광년 먼 먼 별에서 흐르는 눈물
수만 광년 먼 먼 별에서 이제 막 너의 눈에 닿은 눈물…

―이성복, 「눈물」

누군가와 함께 별빛을 보았던 기억은 축복이다. 별빛이 잘 보이는 공간에 그들이 함께 있었고, 그 별을 향한 눈빛의 시간을 공유했다는 것은 행복한 일이다. 그가 어린 시절 별에 대해 가졌던 최초의 경이로움은 별들과 지구와의 거리에 관한 것이었다. '광년'이라는 단위는 1초에 지구를 일곱 바퀴 반 돌 수 있는 빛의 속도가 1년 동안 가서 닿는 거리이고, 그래서 인간이 어떤 별을 본다면 그 별빛은 이득히 오래전에 그곳을 떠난 빛이라고 했다. 그것은 지금 보는 저 별은 이미 오래전에 소멸했을 수도 있다는 것을 의미한다. 이런 사실은 시간과 공간에 대한 감각에 작은 충격을 가했다. 별빛들이 여기에 와 닿는, 헤아릴 수 없이 아득한 시간에 비하면, 지금 눈빛의 흔들림은 얼마나 짧은가?

> 우리가 눈을 들어 별을 쳐다본다는 것은,
> 가늠할 수 없는 아득한 과거를 응시하는 것이다.
> 우리가 보는 것은 공간이 아니라,
> 깊이를 알 수 없는 시간이다.

철 지난 해수욕장을 밤에 함께 산책한다면, 그들은 함께 별빛을 볼 가능성이 높다. 사람들을 거의 볼 수 없었던 깊은 밤의 해변에서 밤공기에 취한 듯 그녀는 뛰어다니기 시작했다. 모래사장을 뛰어다니는 것은 쉽지 않은 일이지만, 그녀의 몸은 어둠의 중력 사이를 가뿐히 날아다녔다. 해변의 안전 요원을 위한 망루가 보이자, 그녀는 충동적으로 그곳으로 올라갔다. 망루 위는 모래가 버석거렸지만, 두 사람의 몸을 누이기에는 충분한 공간이었다. 밤하늘을 향해 몸을 누이자 거대한 스크린 바로 앞에 있는 것처럼 선명한 별무리들이 눈앞으로 쏟아졌다. 압도적인 풍경 때문에 그들은 잠깐 망연해졌다. 한 번도 찾아보지 못한 별자리들의 윤곽이 드러났다. 떨어져 존재하는 별들 사이를 이어 인간의 이미지를 부여하는 일은 부질없다는 생각을 잠시 했지만, 두 사람의 별자리가 다른 하늘에 속한다는 것을 아는 데는 오랜 시간이 걸리지 않았다. 두 별자리의 거리와 그것들에서 망루까지의 거리는 그들이 측량할 수 없는 세계에 속했다. 그 가늠할 수 없는 거리 앞에서 우주적인 고립감이 찾아왔다. 저 가없는 거리에 비하면, 그들에게 찾아온 사랑은 너무 짧고 왜소했다. 저 별에서 이곳의 빛을 본다면, 그때는 이미 이 별은 소멸한 이후일지도 모른다. 만약 눈물 같은 것이 조금 맺혔다면, 그건 아득한 것들에 대한 질투와 공포 때문이었을 것이다. 잠깐 옆 사람의 눈빛을 훔쳐보다가, 그들은 서로의 사소함에 대해 가슴이 터질 듯한 연민에 사로잡혔다.

지상에서의 가장 긴 포옹이 시작되려는 순간이었다.

 망루에서의 별빛이 마치 수만 광년 전의 이미지처럼 느껴지는 순간이 왔을 때, 그는 자기 생애의 별빛들의 계보를 떠올렸다. 그리고 그 계보 안에서 하나의 원초적 장면을 찾아냈다. 반도의 남쪽 해안에 자리한 한 도시에서 그는 늦은 군대 시절을 보냈다. 주말이면 까만 제복을 입고 외출 나온 군인들로 붐비던 그 도시의 사거리와 그 도시가 껴안고 있던 불투명한 내해(內海). 벚꽃이 날리던 날의 뒤척거리던 물비늘과 백파(白波)로 으르렁거리던 우기(雨期)의 해안. 잿빛의 군함을 처음 탔을 때 견딜 수 없던 구토와 그 시절의 어느 새벽에 보았던 사막과도 같은 바다를 떠올렸다. 해안 도시의 어느 날, 그는 당직을 서고 있었고, 순찰이라는 명목으로 자전거를 타고 해안가를 돌았다. 그곳은 연병장이 바다와 맞닿아 있는 독특한 구조였는데, 바다와 연병장이 완만한 경사로 이어져 있었다. 주위에는 아무도 없었고 밤바다의 밀도 높은 어둠 때문에, 파도의 음향과 냄새는 더욱 선명했다. 그 순간 그는 갑자기 무엇에 이끌렸고 발작처럼 자전거를 바다 쪽으로 돌려 내달렸다. 바퀴가 물속에 약간 잠기자마자, 물이끼 때문에 자전거는 여지없이 미끄러졌다. 그의 몸은 그대로 내동댕이쳐졌고, 바닥에는 예리한 조개껍질들이 자리하고 있었다. 그 예리한 칼날들에 그의 손바닥은 거칠게 찢겨 나갔다. 손바닥 위로 비릿한 액체가 흘렀으나 그는 그 자리에서 금방 일어나지 못했다. 피투성이의 손바닥을 어쩌지 못하고 주저앉아, 출렁거리는 어둠 저쪽을 한동안 응시했다. 또렷하게 눈을 뜬 별들의 깊고 무심한 시선. 가늠할 수 없는 먼 과거로부터의 시선. 이미 소멸했을지도 모르는 존재의 시선. 그는 희미하게 웃어주었다.

> 사랑의 상실감이란, 이 우주적인 고독에 비하면 사소한 것이다.
> 하지만 그 사소함 때문에 그의 생애의 한쪽은
> 아득한 것들에 대한 질투에 바쳐졌다.

별빛들이 여기에 와 닿는,
헤아릴 수 없이 아득한 시간에 비하면,
지금 눈빛의 흔들림은
얼마나 짧은가?

꿈에도 깃들지 않는 첫사랑

기억조차 나지 않고,
꿈에도 깃들지 않는 그 사랑은
나를 죽음에 익숙하게 만들어버린다.

─ 비스와바 쉼보르스카, 「첫사랑」

첫사랑의 신화는 낭만적 과장법에 도취되어 있다. 그에게는 첫사랑을 둘러싼 몇 가지 이미지들이 있었다. 중학교 시절 자기보다 키가 크고 성숙했으며 웅변을 잘했던 긴 머리의 소녀와, 대학 신입생 시절 검은 수녀복 같은 원피스를 입고 다니던 지방 도시 출신의 작고 동그란 여자애를 떠올릴 수 있겠지만, 그것은 허술하고 파편적인 이미지들에 불과했다. 그가 기억하는 이미지들은, 젊은 날 이름도 얼굴도 기억나지 않는 어떤 여학생의 체크무늬 모직 스커트처럼 낡고 모호하다.

기억의 생생함이란, 다만 그것을 향한 욕망의 생생함이다. 그 첫사랑의 이미지가 구체화된 것은, 그녀가 그에게 첫사랑에 대해 물어보았을 때였다. 그는 자신의 첫사랑을 아름답고 낭만적으로 표현해야 할지, 아니면 사소하고 시시한 것으로 드러내야 할지 조금 망설였다. 그녀가 로맨틱한 이야기를 좋아할 수도 있지만, 그는 자신이 첫사랑의 이미지에 붙들려 있는 퇴행적인 존재로 보이는 것도 원치 않았다. 그는 최대한의 절제를 통해 그 첫사랑의 낭만적 그림자를 만들어내었다. 그의 첫사랑은 그녀의 호출과 그녀의 시선에 의해 구성되었다. 그리하여 또 하나의 첫사랑이 탄생한 것이다.

그녀가 그의 첫사랑을 완성시켜주다니!

그의 첫사랑은 그녀와의 관계에 의해 재배치된 새로운 서사다. 그에게 유일한 첫사랑은 처음부터 없었다. 첫사랑에 관한 유일한 진실은 그것의 원본이 실재했다는 것이 아니라, 그 이야기가 다시 만들어졌다는 것이다. 이를테면, 첫사랑의 '시뮬라크르.' 과거의 사랑이 현재의 사랑을 만드는 것이 아니라, 현재의 사랑이 과거의 사랑을 만들어낸다. 모든 사랑의 이야기는 '현재—미래'의 사랑에 의해 끊임없이 다시 쓰인다.

그 역시 그녀의 옛사랑이 궁금했지만, 그걸 자세하게 알고 싶지는 않았다. 그가 모르는, 그가 함께 겪지 않았던 그녀의 시간들은, 그에게는 사소한 절망과 상처를 의미했다. 그녀의 내밀한 실존의 역사를 모른다는 것은, 그녀의 미래 또한 그가 알지 못한다는 의미이기 때문이다. 그녀가 던지는 몇 가지 옛사랑의 이미지들 속에서 그는 끝까지 해석되지 않을 상형문자의 공포를 발견했다. 그 사람의 과거에 대한 질투와 미래에 대한 공포는 같은 것이다. 그는 다만 그녀의 현재의 일부만을 간신히 알고 있다. 첫사랑은 필생을 두고 치러야 하는 사랑의 장례이다.

그 사람이 살아 있다 해도 그 사랑은 이미 죽은 사랑, 애도의 대상으로서의 사랑이다. 그는 첫사랑의 죽음을 이미 신화화했다. 만약 불행하게도 첫사랑의 대상이 비속한 현실 가운데 살아 있어서 그 사람의 늙음을 볼 수 있다면, 첫사랑에 대한 애도는 조금 비루한 것이 될 것이다. 그는 첫사랑의 이야기가 어떤 실체도 없이 다시 쒸어야 하는 이야기인 것처럼, 현재의 사랑 역시 그렇게 되리라는 것을 문득 깨달았다. 세월이 악마의 칼날처럼 그의 기억들을 잘라낼 것이므로, 지금의 사랑 역시 모호한 채로 남아 다시 쓰일 것이다. 덧없는 삶을 통해 그는 이 사랑에 대한 길고 긴 애도를 이어갈 것이다. 그리고 그에게 죽음이 찾아온다면, 그 사소한 이야기들조차 영원한 망각 속으로 사라질 것이다. 사랑의 이야기는 그 망각 속으로 조금씩 걸음을 옮기는 것이다. 모든 사랑의 서사는 끊임없이 다시 쓰이고, 결국 반드시 잊힌다. 첫사랑의 무한 재생은 결국 그것이 하나의 완전한 '무(無)'를 향해 진행되고 있음을 의미한다. 지금 시작되는 모든 사랑은 그 첫사랑의 불투명한 공허를 닮아 있다. 첫사랑은 과거가 아니라, 미래에 속한다. 혹은 영원한 망각에 속한다.

몸
　얻
　　지
　　　못
　　　　한
　　　　　마
　　　　　　음
　　　　　　　의
　　　　　　　　입
　　　　　　　　　술
　　　　　　　　　　이

몸 얻지 못한 마음의 입술이
어느 풀잎자리를 더듬으며
말 얻지 못한 꿈을 더듬으리라

─ 허수경, 「공터의 사랑」

모든 고백은 뒤늦은 과장법이다. 그는 자신의 고백이 어떤 진정성의 무게를 갖기를 바랐다. 그러기 위해서는 고백의 시간과 장소가 잘 선택되어야만 했다. 장미 꽃다발과 촛불이 켜져 있는 레스토랑은 상투적인 고백의 문장처럼 진부했다. 사랑을 나눈 직후의 고백은 보상과 교환의 의미처럼 보였다. 그렇다고 아무렇지도 않은 표정으로 떠들썩한 길거리에서 시시한 농담처럼 고백할 수는 없는 일이다. 어쩌면 최선의 길은 고백을 유예하는 것일지도 몰랐다. 고백의 연기(延期)는 고백의 가치를 최고치로 만들기 위한 것이다. 그러나 영원히 연기되는 고백이란 결국 사랑의 언어가 불가능하다는 것을 보여주는 것 이외에 아무것도 아니다. 고백은 감정의 순간적 고양을 노출시킨다는 측면에서 과장된 연기(演技)이다. 고백의 연기(演技)는 저질러지기 전에는 조바심 나는 것이지만, 저질러진 이후에는 기만적이거나 습관적인 것이 될 수 있다. 그 고백은 자신도 감당하지 못하는 공허한 약속으로 전락할 수 있다.

관념을 경유하지 않는 동물들의 언어는 명쾌하다. 세상에서 가장 빨리 난다는 군함조라는 새가 빨간 목을 터질 것처럼 부풀려서 짝을 찾는 것처럼, 그렇게 분명하고 간명한 신체의 언어라면, 사랑을 언어화하는 데 따르는 시련은 없을 것이다. 날개를 퍼덕거리거나 어여쁜 소리로 노래하는 것만으로 사랑의 언어를 대신할 수 있다면 의사소통의 장애는 없을지도 모른다. 인간에게 사랑의 감정을 언어화하는 것은 언제나 모자라거나 넘치기 때문에, 사랑의 언어는 어긋나거나 과장될 수밖에 없다. 인간의 언어는 사랑에 대해 근원적으로 무기력하다.

> 사랑의 실패란 많은 경우 사랑을 말하는 언어의 실패이고,
> 이것은 대개 필연적이다.

언젠가 그가 본 영화에서, 17세기의 프랑스 기사 '시라노'는 훌륭한 시인이고 검객이었으나 기형적인 코 때문에 사랑하는 여자에게 고백하지 못하고, 그녀를 사랑하는 잘생긴 남자를 위해 한밤의 구애를 대신해준다. 고백이란 "몸을 얻지 못한 마음의 입술"과 '말을 얻지 못한 꿈' 사이에서 벌어진다. 몸과 꿈과 말의 어긋남은, 어떤 고백도 정확하고 충분한 것이 될 수 없게 만드는 가혹한 조건이다. 우리는 대개 못생긴 코를 가졌거나, 아니면 고백할 수 없는 못난 입술을 가졌기에.

그가 사랑한다는 말을 스스로 견디고 견디다가 발설해야만 했을 때, 그 말은 그것이 유예되던 시간의 무게를 담지 못하고 흩어져버렸다. 그

의 자기기만으로 시작된 그녀와의 사소한 언쟁 끝의 어처구니없는 장면에서 고백의 말이 튀어나왔다면, 그건 어쩔 수 없는 일이다. 그건 마치 환한 주말 아침에 날아온 믿을 수 없는 부고처럼 어색한 것이었으나, 한번 날아온 부고가 그런 것처럼, 고백은 되돌릴 수 없다.

사랑한다는 말은 발설되기 전에는 세상에서 가장 무거운 말이지만,
발설된 이후에는 세상에서 가장 가벼운 말이 된다.
그것은 언제나 너무 무겁거나 너무 가벼운 말,
너무 빠르거나 너무 늦은 말이다.

술에 취한 채 전화번호를 누르는 상투적인 고백보다는, 끝내 견디며 침묵을 돌려주는 것이 더 온전한 고백일지도 몰랐다. 그 사람이 그 고백의 의미를 끝내 알 수 없다고 해도. 그러나 삶에 있어 그 결과가 크게 다르다고 장담할 수는 없다. 늦여름 기습적인 폭풍이 몰려와서 천둥이 치고 창문이 깨지고 나무가 뿌리째 뽑히는 새벽이 지나면, 거짓말같이 씻긴 듯한 하늘이 나타난다. 그를 무기력하게 만드는 것은 폭풍의 새벽이 아니라, 비와 바람의 냄새를 숨긴 채 기묘한 농담처럼 환해지는 오후였다. 어느 저녁 무렵, 그는 골목길 끝의 취객들의 오줌 냄새가 남아 있

는 담벼락에 몸을 기댔다. 날카로운 무언가에 의해 팬 것처럼 시멘트가 떨어져 나간 곳에 얼굴을 가까이 댔다. 음습한 시멘트 냄새가 코끝으로 올라왔고, 까칠하고 울퉁불퉁한 담벼락의 모멸적인 감촉이 입술에 닿았다. 그곳은 아무도 시선을 줄 수 없는 더럽고 버려진 상처 같았다. 생의 어디선가 느낀 적이 있는 익숙한 감각. 그는 단념한 듯 입술을 조금씩 움직였다. 그러니까 아무도 듣지 않는 고백을, 그 자신조차 기억하지 못할 고백을……

그가 사랑한다는 말을
스스로 견디고 견디다가 발설해야만 했을 때,
그 말은
그것이 유예되던 시간의 무게를 담지 못하고
흩어져버렸다.

미각을 상실하다, 즉 사랑을 잃다

하늘을 나는 고등어를
우리는 사랑이라 부르기로 하며 긴 슬픔을 우렸다
처음 마주한 밥상에서 서로에게 영원한 未知로 남은 것이다

─ 강정, 「고등어 연인」

연인이 함께 밥을 먹는다는 것은, 함께 산책을 하거나 입맞춤을 하는 것보다 낭만적인 것은 아니지만, 어떤 원초적인 삶의 감각을 공유하는 것이다. 그들이 나누어 먹은 음식이 데이트를 위한 우아한 식사가 아니라, 그저 한 끼를 위한 것이었어도 마찬가지다. 21세기의 여자들이 대개 그렇듯이 그녀도 언제나 체중이 늘었다고 투덜거렸지만, 그는 그녀의 입에 들어가는 음식들에 대해 감사했으며, 심지어 그녀가 식욕을 잃었을 때는 사소한 상실감을 느끼기도 했다. 가끔 무언가를 씩씩하게 먹어치우는 그녀의 입은 새치름하게 닫혀 있는 입술보다 행복감을 주었다.

음식을 둘러싼 사소한 사건처럼 사랑의 희비극적인 어긋남을 말해주는 것도 흔치 않다. 아마 처음에 그들은 음식에 대한 취향이 비슷하다는 점에 열광했을 것이다. 그런 종류의 일체감이란 사랑에 빠진 사람들의 과장된 믿음일 수 있다. 취향의 자립성이 많은 경우 과장인 것처럼, 두 사람 사이에 완벽한 취향의 공동체는 불가능하다.

물론 그들은 상대적으로 비슷한 식성을 갖고 있었으며, 그것은 때로 그들의 사랑과 연대가 운명적이고 필연적이라는 느낌을 주었다. 그가 만약 생선을 좋아하지 않는 여자를 만난다면, 그것은 마치 키스를 좋아하지 않는 여자와 연애를 하는 것과 같은 곤혹스러운 일일 것이다. 그와 그녀가 좋아하는 음식은 대개의 경우 일치했지만, 완벽하게 식성이 일치한다고 볼 수는 없었다. 이를테면, 그녀 역시 해산물을 좋아했지만 구운 고등어 따위는 싫어했고, 속살이 붉은빛의 생선을 좋아하지 않았다. 그는 참치를 좋아했으므로 이것은 약간의 고민거리가 될 수 있었다.

참치를 좋아하지 않는 여자를
어떻게 사랑할 수 있을까?

하지만 그 고민은 크게 무거운 것은 아니었다. 그녀와 함께 나누는 식사의 소중함에 비하면, 참치 뱃살의 부드러움을 포기하는 것은 그리 어렵지 않았다. 그러나 시련은 조금 더 남아 있었다. 그는 담백한 음식을 좋아했지만, 때로는 그녀의 다이내믹한 식성을 따라 기름진 음식들을 찾아다녀야 했다.

그는 그녀와 함께 먹는 음식들에 차츰 길들여졌으며,
심지어 그것들의 '참맛'을 깨닫기 시작했다.

함께 산다는 것의 구체적인 실증은 함께 잠들고 일어난다는 것이기도 하지만, 함께 밥을 차려 먹는다는 것이기도 하다. 함께 살기를 꿈꾸었을 즈음에, 그들은 함께 밥을 차려 먹는 일에 흥분했었다. 어느 날 그녀가 그의 집에서 회심의 요리를 만들어주었다. 그녀의 스파게티는 충분히 고급스럽고 훌륭했지만, 그는 그 맛을 음미할 여유가 없었다. 그의 집은 작았고, 그는 비좁은 부엌과 주방 기구의 미비가 계속 미안했다. 그 역시 그녀에게 무언가를 해 먹이고 싶었다.

그는 국수를 탄력 있게 삶아내는 타이밍에 익숙했고, 음식이 식으면 짠맛이 강해지기 때문에 간을 절제해야 한다는 것을 알고 있는 수준의 요리 솜씨를 가졌다. 그가 간단한 래시피를 수십 번 확인해가면서 그녀에게 맑은 생태찌개를 만들어주었다. 그녀는 그 맛에 대해 과장된 칭찬을 늘어놓았으므로, 그는 그들의 만찬을 완성시켜준 물 좋은 생태의 희생에 대해 깊이 감사해야 했다.

아직 함께 나누지 못한 미래의 음식들이 너무나 많이 남아 있었으나, 함께 음식을 차려 먹는 세월에 대한 부푼 기대는 조금씩 꺼져갔다. 그들이 나눠 먹은 음식들의 양이 사랑의 확고함을 증명하는 것은 결코 아니다. 사랑의 감각이 조용히 잊히는 것처럼, 그들의 소망스런 밥상들은 미지의 시간으로 날아갔다. 그는 혼자서 밥을 먹는 시간이 많아졌다. 그는 자신이 먹을 음식을 정성껏 장만하는 사람이 얼마나 경이로운 존재인가를 알게 되었으며, 그가 자신을 그만큼 사랑하지 않는다는 것도 알았다.

그에게 참치와 고등어를 마음껏 먹을 수 있는 여유 있는 시간이 도래했으나, 식욕은 회복되지 않았다. 늦은 저녁을 사 먹을 때마다 약간의 서글픔을 느꼈지만, 그는 한편으로 어떤 우수 어린 자기도취를 경험했다. 혼자만의 헐한 저녁은 담백한 고독의 등가물처럼 여겨졌다.

어느 날, 길을 지나다가 그녀가 좋아할 법한 아주 기름진 음식을 발견했다. 이런 종류의 음식은 그에게 어떤 달콤한 멜랑콜리도 선물하지 않았다. 그리움이나 알 수 없는 허기 때문에 그가 그걸 혼자 먹었던 것은 아니다. 다만 어떤 감각이 남아 있는가를 알고 싶었지만, 어떤 감흥도 일어나지 않았다. 어떤 감흥도 일어나지 않고 심지어 그다지 불편하지도 않은 맛. 사랑이 있던 자리의 무미함. 그는 마치 미각의 일부를 상실한 것 같았다.

사랑을 잃다.
즉 미각을 상실하다.

사진 속엔 그녀가 살까?

난 절규에 가까운 사랑을 눈동자에 싣고
셔터를 누른다 살아 있는 나비의 육체를 핀으로 찌르듯

― 유하, 「사진 속엔 그녀가 살지 않는다」

그녀의 사진들을 지우기 전에 그는 그것들을 일별했다. 한 사람의 사진을 없앤다는 것은 결별에 대한 진부한 통과의례라고 할 수 있다. 그런데 정말 그 사진 속에는 그 사람이 살고 있었던 것인가? 미세한 점들로 구성된 이미지는 다만 시간과 빛이 만들어낸 작은 낙인들의 집합에 불과한데……

예전에 그녀는 피사체가 되는 것을 두려워했다. 누군가가 원하지 않는 자신의 이미지를 만들어내고 소유하고 퍼뜨리는 것에 대한 공포였을 것이다. 그 공포는 타인의 시선에 의해 사물화되어버리는 것에 대한 불안이다. 카메라의 피사체가 된다는 것은, 시선의 폭력 앞에 벌거벗는 것이다. 카메라의 폭력은 살아 있는 피사체에게 어떤 연기를 강요한다.

어느 날 그녀는 좋은 카메라를 구입한 뒤, 그가 자신을 찍어주기를 바랐다. 소리 없이 사라져가는 젊음의 이미지를 보유하고 싶은 충동에 휩싸였던 것이다. 그녀다운 반전이었다. 그녀는 그에게 마치 연출자가 카메라맨에게 요구하는 것처럼, 프레임과 각도를 주문했다. 그녀는 피사체인 동시에 이미지의 연출자였으며, 뷰파인더의 주인이었다. 배경은 중요하지 않았고, 그녀의 얼굴을 향한 빛의 양과 각도만이 미학의 기준이 되었다. 그녀의 세밀한 요구를 만족시키는 과정에서 그들은 어린아이처럼 다투기도 했지만, 그는 간신히 그녀의 의도대로 앵글을 맞추는 능력을 갖게 되었다.

그는 그녀의 얼굴 내부의 균형이 가장 완전하게 조화를 이루는 미지의 각도를 찾아냈다. 심지어 그녀의 얼굴은 오전 11시경에 가장 완전한 상태가 되고, 사진을 찍기 시작한 후 30여 분이 지나면 표정이 가장 풍부해지며, 1시간이 지나면 피곤해져서 다시 경직된다는 것을 알아냈다. 그러니까 최고의 앵글은 그녀의 표정 능력이 최고조에 달하는 오전 11시 30분경에 만들어져야 했다. 오전 11시 30분에 그녀의 오른쪽 뺨은 가장 투명했고, 눈빛은 더할 나위 없이 유연했다. 오전 11시 30분의 햇빛은 그녀의 오른쪽 얼굴로 스며들어 깊은 생동감을 선물했다. 그녀에 대한 그의 앵글은 점점 그녀의 눈, 그녀의 나르시시즘 자체가 되어갔다. 그는 그녀를 향해 누르는 셔터의 촉감에서 거의 관능적인 쾌감을 느끼기 시작했다. 하나의 카메라를 사이에 두고 그들은 거의 완전한 시선의 일치에 다다랐다. 그들은 그녀의 얼굴에 대한 '이상주의적 사실성'에 도달한 것에 자부심을 가졌다.

그녀는 '오전 11시 30분의 그녀'를 완벽하게 연기했으며,
그는 드디어 '오전 11시 30분의 그녀'를 완성했다.

오직 그만이 완전한 그녀를 찍을 수 있다는 자부심은 그들 사랑의 제국을 지탱하는 강력한 논리 중의 하나가 되었다. 하지만 그녀가 다른 사람에게 자신을 찍어주도록 부탁한 적이 없기 때문에, 이 자부심은 검증되지 않은 것이다. 그녀만이 유일하게 그의 앵글과 맞는다는 그의 믿음 역시 검증되지 않은 것이고, 그것을 검증하는 것은 두렵고도 불가능한 일이다. 생은 우리에게 그렇게 많은 기회를 부여하지 않는다. 수천 번 셔터를 누른 끝에 완벽한 이미지를 찾아냈다고 해도, 그건 단지 기계가 만들어낸 우연의 소산이다.

그들 중 아무도 사진을 둘러싼 시선의 완벽한 주체가 되지 못했다. 그는 그녀에 대한 수많은 이미지를 만들어내고 소유했지만, 그 사진의 주인은 그도 그녀도 아니었다. 언젠가부터 그녀는 사진을 찍어달라고 하지 않았으며, 그도 단 하나의 피사체를 향한 열정을 소진했다. 그 사진들에는 그가 공들인 시간들이 새겨져 있었지만, '오전 11시 30분의 그녀'가 사진 속에서 무슨 말을 하는지 알 수 없었다. 그의 사진에는 내

일의 어떤 출구도 보이지 않았으며, 깊이도 내면성도 사라졌다. 카메라가 붙들어둔 것이 단지 시간의 잔해인 것처럼, 그녀의 이미지는 사라진 시간의 그림자일 뿐이다.

그녀는 실재했던가?

그는 자신만의 카메라를 산 뒤 새로운 피사체를 찾아다녔다. 2004년식 디젤 자동차 뒷자리에 카메라를 던져놓고 미친 듯이 지방 도시의 안개를 찾아다녔다. 그의 렌즈는 안개의 질감을 포착하는 것 대신에 희미한 이별의 풍경만을 담아냈다. 상냥한 햇볕 아래서 셔터를 누르는 일은 없었다. 그는 완고한 안개 속을 헤매다가 지쳐 영혼까지 눅눅해져서 돌아왔다. 물속에 갇힌 것 같은 깊은 잠을 자고 일어나, 죽은 벌레들을 치우듯이 자신의 사진들을 지워버렸다.

어떤 영혼도 찾을 수 없는 그의 사진들이, 결국 죽음 같은 작은 구멍들의 조합에 불과하다는 것을 그는 알았다(그것이 '화소'의 진정한 의미다). 가끔 그녀는 그가 찍어준 사진들을 가만히 들여다보면서, 사진 속의 그녀가 누구인지 곰곰이 생각할지도 모른다. 그리고 돌이킬 수 없는 시간에 갇힌 낯선 여자의 이미지를 발견할 것이다. 그리고 그때쯤 그는, 어느 이방의 흐린 도시에서 낡은 카메라를 들고 배회할 수도 있을 것이다. 사진이 어떤 영혼의 기록도 되지 못하기 때문에, 그는 다만 지우기 위해 셔터를 누를 것이다. 이제 그가 셔터를 누르는 것은 사소한 관능도 느껴지지 않는 무심한 습관일 뿐이다. 그는 시간의 유령을, 몽유처럼 따라다닌다.

너의 이름들을 붙였다, 뗐다

우리는 이곳까지 달려오면서 많은 이름들을 붙였다,
뗐다, 붙였다, 투명 테이프처럼. 안녕, 안녕.

─ 김행숙, 「한 사람 3」

이름이 그 사람의 진실에 대해 알려주는 것은 거의 없다. 그럼에도 불구하고 이름은 그 사람을 옭아매는 마법을 가진다. 이름은 그 사람에게 덧씌워진 투명한 저주 같은 것이다. 그는 그녀가 자신의 이름에 대해 가진 깊은 자의식을 알게 되었다. 그녀의 고등학교 시절, 한 반에 같은 이름의 아이가 있었다. 그녀는 자신의 정체성에 대해 예민한 편이었으므로, 이것은 매우 불편한 일이었다. 그녀와 같은 이름을 가진 여학생은 지나친 모범생이었고 그녀보다 약간 키가 컸으므로, 그녀는 '작은 ○○○'로 불리기도 했다. 그녀가 아무리 스스로도 알 수 없는 미묘한 존재라고 해도, 그 공간에서 단지 그녀는 '작은 ○○○'에 불과했다. 20세기 후반 가장 흔한 한국 여자아이의 이름을 가졌던 자신이 더욱 싫어진 것은 불가피했다.

그녀는 매우 특별하고 정체를 알 수 없는 이름, 이를테면 나이도 성별도 국적도 알 수 없는 그런 이름을 동경했으며, 이름 짓기 놀이는 내밀한 유희 중의 하나가 되었다. 그 정체 모를 이름과 함께 그녀는 눈 덮인 다섯 개의 고원을 건너가는 긴 모험을 떠나고, 붉은 수염을 가진 못된 왕을 무너뜨릴 음모를 꾸미고, 모두가 스스로 이름을 만들 수 있는 새로운 왕국을 세웠다. 그 왕국의 이름은 아침과 저녁으로 바뀌었다.

그녀가 다른 이름으로 살고 싶어 했으므로, 그는 그녀에게 새로운 이름을 붙여주는 일에 열중했다. 그녀에게 이국의 남자아이 같은 이름을 붙여주기도 했으며, 사소한 이야기가 만들어질 때마다 매번 새로운 별명을 만들었다. 그 별명들은 마치 주술처럼, 그녀를 다른 존재로 만들어주었다. 그녀는 단지 '여자, 딸, 동생, 누나, 국민' 따위가 아니라, 다른 생의 가능성을 품은 미지의 존재가 되었다.

그녀는 등기된 이름을 버리고 '달팽이, 토끼, 잡쌀 빵, 명랑 소년, 얼음 귀신, 인디언, 외계의 돌, 초록 눈썹, 작은 서랍, 몽글몽글, 작은 꽃무늬 원피스, 오후 3시의 구름, 10분 후'가 되었다.

그들의 이름 짓기 놀이는 사회적인 이름 바깥의 그들만의 은밀한 2인 왕국을 만들어주었다. 그가 붙여주는 이름들과 함께 그녀는 매일, 매 순간, 다시 태어나고 다른 세계로 날아갔다. 그리고 실제로 그녀는 점점 더 정체를 알 수 없는 풍부하고 아름다운 존재가 되어갔다. 그녀의 뺨은 더욱 밝아지고 이마는 투명해졌으며, 머리카락은 날아오를 듯 부풀어 올랐고, 눈빛은 그가 아니라 그 너머의 어딘가를 향해 있었다. 그녀가 점점 더 아름다워졌기 때문에 그는 그 미지의 존재에 대해 정체를 알 수 없는 두려움을 느꼈다. 다른 이름과 함께 탄생한 그녀의 새로운 자유는, 그가 예측할 수도 따라갈 수도 없는 것이었다. 그는 그녀의 낯선 시간에 대해 더 이상 이름을 붙일 수 없음을 알았다.

사랑은 이름이 태어나고 사라지는 일.
사랑은 이름 붙일 수 없는 시간 속에 머문다.

너무 많은 이름을 가진 그녀를 그는 사랑할 수 있었을까? 그는 자신이 만든 이름으로 그녀를 에워싸고 문질렀다. 마치 그 새로운 이름이 그녀의 새로운 피부가 된 것처럼. 그가 사랑하는 그녀는 그 이름들과 함께 이미 다른 그녀였다. 그러나 그가 호명하는 자리에서 그녀는 늘 빠져나갔다. 그녀의 이름으로부터 그녀는 피부를 벗고 탈바꿈했다. 그녀의 '변태(變態)'는 이름을 넘어서 순식간에 이루어졌다.

그가 사랑하는 그녀는 결국 모든 이름의 바깥에 있는 텅 빈 자리가 되었다. 그 모든 이름들로도 그녀를 붙잡을 수 없다는 것을 알게 된 순간, 그녀의 수많은 이름들은 흔적 없이 사라졌다. 이름들이 사라지자,

그녀의 육체적 현존도 사라졌다. 그 이름들은 그가 긴 꿈속에서 꾼 또 다른 꿈이었던 것처럼 느껴졌다. 호명하지 않는 이름은 더 이상 이름이 아니었다.

그럼에도 불구하고, 다른 계절의 바람이 불어오자 그는, 그녀가 없는 그곳에서 그녀의 이름들을 처음처럼 조용히 불러보았다. 어떤 통증이 그의 몸을 통과했지만, 마치 진공 속에 있는 듯이 소리는 공명되지 않았다. 이름들은 더 이상 주술의 힘을 갖지 못했다. 그 호명들은 누구에게도 닿지 않고, 발음하는 순간 흩어졌다. 그리고 그는, 그가 사랑한 사람이 누구인지를 영원히 알아낼 수 없을 것만 같았다.

너무 많은 이름을 가진 그녀를
그는 사랑할 수 있었을까?
그는
자신이 만든 이름으로
그녀를 에워싸고
문질렀다.

꿈
속
에
서

너
를

보
면

가끔 네 꿈을 꾼다
전에는 꿈이라도 꿈인 줄 모르겠더니
이제는 너를 보면,
아, 꿈이로구나, / 알아챈다.

— 황인숙, 「꿈」

꿈의 예지적 기능을 믿는 사람들을 그는 이해하기 어려웠다. 그는 꿈이 의미 있는 무언가를 예시하고 있다고 생각하지 않았으며, 그 꿈의 의미를 해독하는 데 노력을 기울이려 하지 않았다. 꿈의 기억에 지배당한다면, 현실이 꿈을 모방하게 될 테니까.

어린 시절 그는 종종 웅장한 건축물 앞에서 경이로움과 공포에 떨고 있는 자신에 대한 꿈을 꾸었다. 어둠 속에 드러나는 동양식의 거대한 탑 앞에서 그는 충격으로 붙박여 있었다. 그런 장면을 영웅 콤플렉스로 해석하는 것을 본 적이 있지만, 그는 대수롭지 않게 생각했고, 나이가 들면서 그 꿈은 잦아들었다. 그 안의 무의식이 영웅에 대한 욕망을 포기한 것 같았다. 그건 서글프게도 야망을 가진 소년이 자기의 욕망의 한계를 깨달아가는 평균적인 인생 유전과 부합했다.

그에게 좋은 꿈이란 존재하지 않았다. 꿈을 꾼다는 것, 혹은 꿈을 기억한다는 것은 그의 심신이 편안하지 못하다는 것이었다. 그가 간절히 욕망하는 장면을 꿈에서 만났다 해도 마찬가지였다. 그건 깨어난 이후의 현실을 더욱 참담하게 만들 뿐이기 때문에, 가혹한 것이다. 어떤 경우든 행복한 꿈이란 없다.

꿈은 언제나 어떤 배반의 가능성을 품고 있기 때문에,
잔인하다.

상대적으로 그녀는 꿈에 대해 예민한 편이었다. 꿈이 무의식의 은유라면, 그녀의 꿈은 불안의 은유였다. 그녀는 그에게 꿈 이야기를 해주곤 했다. 그녀는 그가 다른 여자에게 가는 꿈을 꾸었다. 그 장면을 자세하게 묘사했기 때문에 그는 마치 꿈에 대해 자신이 도덕적인 책임이 있는 것처럼 느껴졌다. 그녀의 꿈속에서 그는 뻔뻔하고 무책임한 존재였다. 때로 그녀의 꿈은 미학적이었다. 이를테면, 그는 그녀와 작별한 뒤 다른 세계로 건너갔는데 두 세계 사이에는 유리로 만들어진 위태롭고 아름다운 다리가 놓여 있었다. 다리 저편에서 다른 여자가 뻔히 기다리고 있는 것이 보이는데도 꿈속의 그는 '잠깐만 기다리라'고 말했다.

그의 말은 믿기지 않는 주술 같은 것이었다.
꿈속에서 그녀는 그의 말을 믿었을까?

그의 꿈속에도 그녀가 등장한 적이 있다. 꿈속에서 그녀의 위선적인 행동은 여지없이 탄로 났으며, 그에게 깊은 상처를 주었다. 그녀에 대한 어처구니없는 배신감과 분노 때문에 잠에서 깬 이후에도 그는 한동안 멍한 채로 앉아 있었다. 그녀의 꿈과 그의 꿈은 불안과 배신의 서사라는 측면에서 유사했다. 두 꿈은 마치 마주 보는 거울과 같다. 그는 그녀의 꿈에 대해 가볍게 생각했던 자신이 조금 부끄러워졌다. 그리고 꿈에 대한 윤리적 딜레마에 빠졌다. 자신은 연인의 꿈과 무의식에 대해, 영혼을 갉아먹는 불안에 대해 얼마나 책임을 져야 하는가?

어느 평범한 여름날 오후에 그의 침대에서 그녀가 아이처럼 잠들었을 때, 그는 완벽하고 달콤한 평온함을 만난 듯했다. 잠든 그녀의 눈꺼풀이 조금씩 움직이는 것을 지켜보는 일은 경이로웠다. 그녀의 눈꺼풀은 그녀 내면의 불안정한 갈망을 스스로 다독거리는 손길 같았다. 몸을 움직이면 그녀가 깨어날까 봐 그는 불편한 자세로 눈을 감았다. 그녀의 낮은 숨소리는 이상하게 비현실적이었다. 그것은 언제 끊어질지 모르는 몽환적인 음악이었다. 그 순간 그들은 하나인가?

문득, 그는 지금 그녀의 꿈은 자신과는 상관없을 것이라는 생각을 했다. 그가 그녀의 꿈에 개입할 수 없다는 것은, 그녀가 자신의 무의식을 통제할 수 없는 것과 같다. 그녀의 꿈을 공유할 수 없다는 두려움은, 연인의 내면을 소유할 수 없다는 것에 대한 무력감이다. 그는 그녀의 꿈이 두려워졌다. 사랑이 이성적이고 의지적인 것이 아니라 감정과 무의식의 사건이라면, 이 명제는 사랑의 순수성과 자율성을 논증하는 것처럼 보인다. 하지만 같은 이유로 사랑은 아무것도 예측하고 통제할 수 없는 것이 된다.

사랑이 꿈이라면, 그건 불길한 배반의 꿈이다.

가끔 그는 그녀의 꿈을 꿀 것이다. 그녀는 그들의 가슴 벅찬 한 시절의 이미지를 재현할지도 모른다. 혹은 여신 같은 아이보리 드레스를 나풀거리며 유리로 된 다리를 건너올지도 모른다. 그녀의 현실적인 부재 때문에 꿈속에서 그녀를 본다면, 꿈이라는 것을 알아챌 것이다. 꿈속에서 꿈이라는 것을 알아챌 때, 그 꿈은 우스꽝스럽게 비장한 것이 되어버린다. 그녀가 등장하는 자각몽은 희비극적인 꿈속의 꿈이다. 하지만 기억하지 못하는 꿈이란, 결국 무의미할 것이다. 기억하는 꿈이라도 그 꿈에 대한 기억은 유한하고 제한적이다. 그는 꿈의 지독한 무의미함에 생각이 미쳤지만, 그것이 반대로 현실의 유의미함을 말해주는 것은 아니었다. 순간순간 제어할 수 없는 무의식이 드러나고, 기억할 수 없는 장면들의 덧없는 흐름이라는 측면에서, 현실은 꿈과 유사하다. 꿈과 현실의 진행은 똑같이 비논리적이며 의미론적으로 공허하다. 꿈과 현실, 혹은 사랑…… 언젠가는 스스로 지쳐 멈추게 될 마음의 속임수.

꿈에서 그녀를 본다면, 차라리 그는 이렇게 생각할 것이다.
부디 이 꿈이 아침에 기억나지 않기를.
가혹한 아침 햇살을 받으며 잠에서 깨고 싶지는 않으니까.

그녀와 대화하는 방법

문장을 잇다 말고 우리는 자꾸만 침묵에 빠진다.
무력하게 미소를 지으며.
우리 인간들은
대화하는 방법을 제대로 알지 못한다.

―비스와바 쉼보르스카,「뜻밖의 만남」

연인들은 자기들만의 언어를 갖는다. 그는 대화의 상대를 가리는 편에 속했다. 마음에 들지 않는 사람과 마주 앉아 대화한다는 것은 그에게는 때로 영혼을 내던지는 일처럼 느껴졌다. 처음 마주 앉은 테이블에서 나눈 대화의 내용을 그들은 기억하지 못했다. 그녀는 남자와 길게 대화해본 기억이 많지 않았다. 공감과 소통의 능력이 없는 남자들은 그녀의 대화의 상대로서 직절하지 않았다. 그들 대화의 시간은 거짓말처럼 빨리 지나갔고, 서로 눈빛을 맞출 때마다 설레는 교감의 순간을 만났으며, 작은 유머라도 잘 반응했다. 같은 순간에 같은 이야기를 하고 싶어 한다는 것을 알았을 때는, 그 우연한 일치에 대해 과장된 낭만적 운명론에 빠졌다. 그들은 새로운 대화의 파트너를 만난 것에 대한 부푼 기대감에 사로잡혔다.

오후 4시의 공원 주차장에서, 늦은 저녁의 국밥집에서, 나란히 누워 있는 침대에서, 그들은 끊임없이 자신들만의 언어를 만들어냈다. 매번 반복되는 화제나 사소한 문제라도 그들에게는 자신들만의 언어를 갖는다는 것이 중요했다. 그는 때때로 그녀의 입으로 말하고 있는 것을 느꼈으며, 그것은 가령 그녀의 손목을 어루만지는 것 못지않게 경이로웠다. 그들은 둘만의 언어를 가진 원주민이었다.

연인들은 그들의 방언을 가짐으로써 사랑을 시작한다.

어린 시절 그는 말이 없는 편에 속했다. 소년의 아버지는 소년을 무대로 떠밀었다. 소년은 웅변을 연습해야 했고, 웅변 대회에 나가서 '이 어린이 힘차게 외칩니다'라고 마감되는 문장을 끊임없이 쏟아냈다. 그러나 학교 웅변 대회에서 상을 탄 뒤에도 소년의 말은 완전히 회복되지 않았다. 소년은 웅변을 하지 않는 시간에 다시 입을 닫았다. 소년은 웅변가가 아니라, 복화술사가 되고 싶었다. 소년은 말하는 주체가 되는 것을 거부하면서 소리를 만들어내는 유령 같은 존재를 동경했다. 나이가 들어서도 그는 자신을 내세우지 않고 언어를 만들어내는 방법에 대해 끝없이 상상했다.

그녀에게는 대화의 행위 자체가 목적에 가까웠다면, 그는 소통의 효과와 의미에 대해 집착했다. 어느 날, 반복되는 긴 대화 도중에 그가 피로와 권태를 감추지 못하는 것을 그녀가 알아차렸을 때, 그들의 미묘한 차이는 갑자기 심각한 차이가 되었다. 그는 가끔 그녀가 이제 그만 재잘거림을 멈추고 그와 키스해주기를 바랐다. 말을 둘러싼 욕망이 어긋나기 시작하면서 그들만의 방언의 세계가 무너지기 시작했다. 무수히 퍼졌다가 미완으로 되돌아오는 그녀의 언어들은 의미가 완성될 수 없는 것이었다. 그녀는 가령, '보고 싶다'거나 '내일 만나자'는 말하는 대신에,

'하루 종일 입술이 메마른데'라든가 '흐린 날은 좀 그래서'와 같은 숨은 의미를 붙잡을 수 없는 말을 했다.

그는 '오늘 보고 싶었으며 내일은 저녁에 만나서 영화를 보는 것이 좋겠다'는 꼭 필요한 정보를 전달하려고 애썼다. 그는 '결정적'이고 '정확하며' '효과적인' 언어를 추구했다. 그녀의 언어는 '지금'을 묘사하는 현재진행형의 언어였다. 그에 비하면, 그의 언어는 자주 현재완료형의 언어였다. 그들은 다른 시제의 언어 속에 살았다.

그는 자신의 느낌과 행위를 적확하게 전달하기 위해 노력했지만, 실존을 언어로 요약한다는 것은 처음부터 불가능한 것이었다. 실존은 마감되지 않기 때문에, 그의 언어는 그녀의 언어로부터 혹은 그 자신으로부터 어긋나 있었다. 그가 말하려는 최후의 언어는 끊임없이 유예되었다. 이 간극은 그에게 무기력을 경험하게 했으며, 그들만의 방언이 결코

안정될 수 없음을 인정해야 했다. 결국 그는 상대방이 방금 한 말을 물고 늘어지는 자멸적인 나르시스의 언어들을 멈추지 못했다. 그들은 가끔 어떤 흔적도 의미도 남기지 않는 끝없는 소모적인 언쟁으로 대화를 대신했다. 날카로운 상황을 모면하게 해주던 그의 유머조차 점차 무참해졌다. 그녀는 급기야 그가 대화의 상대로서 적절했던가를 회의하기 시작했다. 그리고 그는 어리석게도, 그녀에게 던질 완벽한 말을 찾기 위해 골몰했다.

사랑은 그러니까, 언어 이전의 어떤 것,
언어로서 표현될 수 없는 어떤 것.

 그는 자신의 아버지가 밥을 먹다가 혼자 무언가를 중얼거리는 것을 자주 보았다. 그것은 어떤 주문 같기도 했고, 누군가와의 대화 같기도 했다. 왜 그런 버릇이 생겼는지 그는 궁금해하지 않았다. 떠들썩한 모임이나 술자리에서 돌아온 뒤에도 그는 결코 충만한 대화를 하고 왔다는 느낌을 가질 수 없었다. 대화의 결핍 속에 자신이 놓여 있다고 생각할 무렵, 늦은 밤 붉은 텔레비전 앞에서 혼자 중얼거리는 자신을 발견했다. 그건 주문도 아니었고, 누군가와의 대화도 아니었다. 그건 어떤 사소한 의미도 없는 텅 빈 언어였다. 이 공허한 습관의 기원에 대해 그는 확신할 수 없었다. 그건 침을 뱉거나 기침을 하거나 구토를 하는 것과 마찬가지로, 언어 행위라고 할 수 없었다. 그의 중얼거림은 독백조차 되지 않았으며, 그는 자신이 무언극의 주인공이 되지 못한다는 것을 알았다. 침묵은 때로 소통의 하나가 될 수 있지만, 그 역시 침묵의 '대상'과 '무대'가 존재해야만 가능했다. 침묵의 상대조차 부재하는 견고하고 어두운 세계에서, 그는 자신의 침묵을 향해 입을 닫았다.

제 안에서 들끓는 길의 침묵을

누구나 제 안에서 들끓는 길의 침묵을
울면서 들어야 할 때도 있는 것이다

─ 김명인, 「침묵」

그의 2004년식 디젤 자동차는 149,373킬로미터를 주행했다. 그 주행 거리는 전적으로 그의 운전에 의한 것이었으므로, 그 길이는 그가 달렸던 길의 거리를 의미했다. 그는 도시 근교에 살았기 때문에, 직장에 가기 위해, 혹은 그녀를 만나기 위해 거의 매일 먼 거리를 달렸다. 자동차는 움직이는 작은 방이자 그의 몸의 일부가 되었다. 자동차의 진동과 소음은 마치 그의 몸에서 발생하는 것 같았다. 그 안에서 그는 스치는 풍경을 소비하거나, 음악을 듣거나, 물을 마시거나, 어떤 상념에 사로잡히거나, 그녀를 만난 후 돌아가는 어두운 길의 습관적인 공허와 만났다.

자동차가 점유하는 공간은 곧 떠날 수밖에 없는
불안정하고 잠정적인 공간이다.
사랑의 시간이 점유하는 자리가 그렇듯이.

자동차 안에서 그들이 함께 보내는 시간이 적지 않았기 때문에, 때로는 그곳이 그들만의 유일한 공간처럼 느껴졌다. 어두운 지하 주차장이든, 비가 내리는 흐린 강변이든, 햇볕 환한 날의 지상이든, 그들이 자동차 문을 닫는 순간, 그곳은 세상과 단절된 공간이 되었다. 그들은 젊은 시절 자동차나 방을 갖지 못한 연인들의 고통에 대해 알고 있었다. 그 고통은 격리에 대한 열망의 좌절에서 온다. 연인들에게 최소 공간도 허락하지 않는 세상에 대한 분노 같은 것. 그들에게 자동차 안의 공간은 사회부터 분리되어 가질 수 있는 최소 공간을 의미했다. 그 최소 공간에서 그들은 끝이 없을 것 같은 언어들을 교환하고, 익숙한 노래를 따라 부르고, 입을 맞추고, 때로 숨죽이며 연인의 몸을 파고들었다. 그것은 그들에게 허용된 최소한의 공간이면서, 최소한의 시간이었다.

사랑의 공간이 그런 것처럼, 자동차는 길 위에서만 존재하는 공간이며, 작은 몸을 가진 길 위의 시간이다.

그들이 멀지 않은 지방으로 여행을 갔을 때, 자동차가 고장을 일으켰다. 가장 평범한 시골 풍경으로 늦여름의 짧은 바람이 한숨처럼 들이치는 시간이었다. 그곳은 적막한 풍경을 가진 국도였고, 어스름 무렵이었기 때문에 그는 당황했다. 견인 트럭을 불러 고장 난 자동차를 뒤에 연결하고 그들은 트럭의 앞자리에 앉았다. 그들이 낯선 남자와 함께 견인 트럭을 타고 국도를 달리던 시간, 트럭의 창밖에 묽은 핏빛의 노을이 기습적으로 펼쳐졌다. 핏빛이 점점 검어지는 시간을 어색한 침묵으로 그들은 함께 견뎠다. 검붉어지는 노을을 등지고 동쪽으로 달리는 트럭은 마치 그 자동의 장의차처럼 느껴졌다. 그들의 한 시절과 그가 달려온 길의 장례가 진행되는 것이었다.

100년 만의 폭설이 도시를 뒤덮던 날, 그는 그녀를 보기 위해 길을 떠났다. 도로는 이미 널브러져 있는 차량들로 무질서했다. 길은 이미 길이 아니었다. 그는 이 눈이 그의 생애에 다시 볼 수 없는 폭설일 거라는 생각을 했다. 그의 자동차가 눈길을 견딘다는 확신은 할 수 없었지만, 그는 불가능하고 무모한 임무를 수행할 수밖에 없는 운명을 떠안은 것처럼 떠났다. 다음 생에 기억하지 못할지라도, 이번 생애 마지막 폭설의 날, 그녀를 만나야만 할 것 같았다. 적지 않은 난관과 위험을 간신히 통과한 뒤 그가 그녀의 동네에 다다랐을 때, 그는 자신의 자동차가 영혼을 가졌다고 생각했다. 주차장에 차를 세우고 잠깐 뒤돌아보았을 때, 앞 유리창을 제외하고 온통 무거운 눈을 뒤집어쓰고 있는 그의 자동차는 마지막 거친 숨을 내쉬는 것 같았다.

그녀를 보지 못하게 된 시간 이후에도 그는 그 자동차를 버리지 못했다. 그건 그들의 추억 때문이 아니었다. 그 기계의 몸이 통과한 길의 시간들이 가끔은 무섭게 느껴졌기 때문이다. 기계의 몸과 영혼이 만약 그 시간들을 기억하고 있다면, 그 기억은 그의 기억보다 정확하고 풍부할 것이다. 그리고 자동차를 버린다는 것은, 그 길의 기억을 장례 지내는 것이다. 하지만 지상에서 붙들 수 있는 것은 아무것도 없고, 그가 지나온 길의 시간들은 이미 그의 것이 아니었다. 소음을 내며 달리는 기계가 어느 순간 멈추었을 때의 침묵처럼, 말 없는 기계의 영혼처럼, 그도 자기 안의 길의 침묵을 조용히 감당해야 한다. 그가 살아내야 할 침묵은 아직 남아 있을 것이다. 어느 새벽, 금속성의 빗소리에 잠에서 깼을 때, 그는 갑자기 결별의 의례를 치르는 사람처럼 어두운 주차장으로 내려갔다.

그들이 자동차 문을 닫는 순간, 그곳은 세상과 단절된 공간이 되었다.

찬
란
한　고
　　통
　　의　축
　　　　제

나는 축제주의자입니다.
그중에 고통의 축제가 가장 찬란합니다.

——정현종, 「고통의 축제」

사랑은 무거운 생을 송두리째 들어 올리는 축제의 시간을 만나는 것이다. 상투적이고 지리멸렬한 시간으로부터 전속력으로 도주하는 에너지 같은 것. 세상의 모든 축제는 일시적이고, 얼마간의 위험을 무릅써야 한다. 축제는 그 안에 방탕과 폭력을 포함하고 있으며, 때로 그것은 죽음과 맞먹는 삶의 폭발적인 낭비를 의미한다.

그들에게 구체적인 미래가 보장된 것은 아니었으나, 이국의 땅으로 함께 여행하는 상상은 로맨틱한 것 중의 하나였다. 그들은 떠들썩한 축제가 열리는 낯선 땅에서 이방의 리듬에 맞추어 손을 잡고 축제의 행렬을 따라가거나, 그 행렬이 지나는 호텔의 2층 창에서 다른 별의 시간이 흘러가는 것을 내려다보고 싶었다. 영원히 취기에서 헤어 나올 수 없는 술을 마시며 서로의 상기된 눈빛을 어루만지고 싶었다.

그 순간, 어떤 미래의 약속도
아무 의미가 없을 것이다.
그것은 가장 아름답게 생을 탕진하는 장면이었다.

축제의 경험은 그러나 다른 장소에서 이루어졌다. 차도를 가득 메운 시위대의 행렬을 따라가고 싶어 한 것은 그녀였다. 그가 예전에 경험했던 공포와 긴장은 그곳에 없었다. 순식간에 무언가가 터지는 소리, 쫓아오는 발소리와 여자들의 비명, 그리고 어느 골목에서 어깨에 가해지던 무자비한 구타의 공포는 없었다. 그것은 다만 부드러운 자유의 느낌에 가까웠다. 사람들이 끼리끼리 차도에 둘러앉아 얘기를 나누거나 노래를 부르는 것은, 그가 처음 목격하는 놀라운 카니발의 장면이었다. 어쩌면 이 시간이 그들이 거리에서 체험할 수 있는 생애 유일한 해방의 순간이라는 것을 그들은 어렴풋이 느꼈다. 그녀의 얼굴에서 섬광과도 같은 자유로움의 느낌을 발견한 것은 잠깐 동안이었다. 그 순간은 결코 지속될 수 없는 것이고, 다시 돌아오지 않을 것이고, 그 기억조차 옅어져 희미한 시간의 그림자처럼 어른거릴 것이다.

축제가 끝나기 전에는 그 의미를 생각하지 않는다. 흥분과 소란, '오버'와 폭발의 순간들이 지난 후, 여명의 빛이 들린 지난밤의 흔적들이 드러날 때, 희미한 혐오감이 몰려올 즈음, 축제에 대한 사유는 시작된다. 축제에 대한 생각은 '축제 이후'에나 가능하다.

사랑에 대한 사유는 '사랑 이후'에나 가능하다.

> 축제의 밤이 휩쓸고 간 아침의 느낌처럼,
> 사랑에 대한 사유는
> 언제나 희미한 자기혐오와 함께 시작된다.

    그 바다에 갔을 때, 그는 그곳에서 축제가 열리고 있다는 것을 알지 못했다. 그곳은 그가 몇 번인가 서쪽의 고속도로를 달리다가 습관처럼 들렀던 바다였다. 철 이른 해수욕장에는 꽤 높은 파도가 불길하게 일렁이고 있었고, 하루 전에는 학생이 익사했다고 했다. 파도의 높이 때문에 수영이 금지되자 피서객들은 마치 시위를 하는 것처럼 얕은 해변에 모여 서서 웅성거렸다. 몸에 진흙을 바른 사람들이 떠들썩한 음악이 울려 퍼지는 해변에 가득했고, 외국인들의 모습도 적지 않게 눈에 띄었기 때문에, 그는 우연히 다른 세계를 마주한 탐험가처럼 이 기이한 광경을 경이롭게 바라보았다.

    진흙투성이의 사람들은 마치 흙 속에서 갓 태어난 사람들, 흙 안에 자신의 몸을 만들어 방금 그곳을 빠져나온 사람들 같았다. 그것은 마치 태초의 제의처럼 어떤 원시의 시간을 떠올리게 만들었다. 이 원시적인 광경은, 그러나 영원의 시간을 보여주지는 않았다. 이 관리된 축제는 다만 그에게 어색한 것들의 기이한 조우를 경험하게 했다. 그리고 그는 자신이 그곳에 어울리지 않는다는 것을 분명하게 깨달았다. 그는 저 진흙 인간들처럼 축제를 통해 다시 태어날 수 없었다.

어떤 축제의 공간에서도, 그는 자신이 그곳에 어울리지 않는다는 것을 실감했다. 그것은 집단적인 행위에 대한 그의 예민함에서 비롯된 것이었지만, 그는 언제나 들뜬 시간들을 온전하게 향유하지 못했다. 사랑의 순간이 만들어내는 축제적인 느낌에도 어떤 공포가 묻어 있었다.

그가 고립을 위해 선택한 곳은 아이러니하게도 술집과 음식점이 밀집한 도로변 뒤쪽의 골목이었다. 밤이 늦도록 취객들의 고함 소리와 자동차의 소음이 끊이지 않는 그곳은 마치 해가 지지 않는 도시 같았다. 그 흥청거림과 향락의 느낌들이 오히려 그의 고독을 뚜렷하게 만들어주었다. 그가 한 끼의 밥을 위해 아침에 집을 나서면 골목은 전단지와 취객들이 남겨놓은 쓰레기로 넘쳐났다. 그는 지난밤의 서걱거리는 불면을 떠올리면서, 아침 햇살이 쓰레기들과 함께 짓이겨져 뒹구는 골목에서 방탕의 흔적들을 찾아냈다. 거리는 시간을 탕진한 거대한 유적지 같았다. 그리고 이 일상적인 탕진의 시간들 속에서, 그는 삶이 어떤 축제의 순간도 없이 소모되고 있는 것을 깨달았다.

그에게 축제의 시간은 오지 않았다.

이
젠

되
도
록

편
지

안

드
리
겠
습
니
다

　　　　그러나 모든 것이 아득하게 있어
　　급한 마음엔 한 가닥 위안이 되기도 합니다
　　이젠 되도록 편지 안 드리겠습니다

　　　　　　　　　　─ 이성복, 「편지 5」

그녀에게 편지를 쓰는 것이 자신의 존재를 증명하던 시절이 있었다. 사랑하는 사람에게 보내는 편지만큼 표현의 욕구로 흘러넘치는 것도 없다. 무언가를 표현하지 않고는 견딜 수 없는 시간들이 편지를 쓰게 한다. 그는 그녀에게 자신의 사랑이 얼마나 어렵고 진정하며 운명적인가를 설명하고 싶었다. 편지는 사람을 설득하거나 매혹시키는 방편이 될지도 모른다. 그러나 모든 사랑의 편지는 마지막 순간, 도구적이지 못하다. 세상의 모든 글쓰기가 최후의 순간에는 처음에 품었던 소소한 의도를 배반하는 것처럼. 그 통제할 수 없는 익명의 욕구가 그 편지의 현실적인 목표를 잊어버리게 만들기 때문이다. 그런 이유로,

모든 사랑의 편지에는 아무 전언도 들어 있지 않다.

거기에는 결정적인 정보나 주장이 들어 있지 않다. 다만 내 고백을 누군가가 들어준다는 충만한 느낌. 희미한 불빛 아래서 스스로 옷을 벗어야 할 때처럼, 주체할 수 없는 부끄러움 따위. 고백이란 결국 2인칭을 경유하여 1인칭으로 돌아온다. 그의 들끓는 고백의 언어들은 고스란히 자신에게 돌아왔다. 한동안 그는,

사랑하는 ○○에게

로 시작되는 편지를 자주 썼다. 그녀는 그의 편지를 사랑했다. 정확하게 말하면 '편지 속의 그'를 그녀는 사랑했다. 편지 속에는 그가 찾아낸 자신의 또 다른 영혼이 있었다. 또 다른 영혼의 '그'는 순수한 열정과 끝 모를 동경과 깊은 이해심을 가진 존재였다. 그도 역시 그녀처럼 자신의 편지 속 1인칭 화자에게 깊이 매료되었다. 하지만 너무 뻔해서 가혹했던 지리멸렬한 시간들 속에서 그는 편지 속의 1인칭 주체를 잊어버렸다.

 편지조차 쓸 수 없는 시간들이 무심하게 지나가고, 다시 편지를 쓰고 싶었을 때, 그는 이미 '편지 속의 그'가 되지 못한다는 것을 알았다. 그는 '편지 속의 그'를 연기하는 것이 부끄러웠고, 자신의 비루함을 뼛속 깊이 실감했다. 그는 '사랑하는 ○○에게'라는 편지를 쓰고 싶어 하는 자신 속의 어떤 늙지 않는 영혼을, 그 순수한 인격을 외면하고 싶었다. 누군가가 듣기를 바라는 모든 고백이란, 위선이 아니면 위악이다.

 그가 오래전 만났던 여자들 중에는 거의 매일 일기처럼 편지를 써 보내는 여자가 있었으며, 자신이 보낸 편지들과 그가 보낸 편지들을 고스란히 간직해두는 여자도 있었다. 어떤 경우든, 그에게는 그 여자들이 무거웠다. 그녀는 상대적으로 부주의하고 때로 무성의했으며, 오히려 그것이 가끔은 그를 매혹시켰다.

고전적인 연애담에서는 쓰는 것 못지않게 전하는 것이 더 어려운 문제가 된다. 서로를 엇갈리게 만드는 '배달 사고'들은 고전적인 비극의 동기가 되었다. 이메일은 그런 우아한 비극을 앗아갔다. 클릭 한 번으로 메일은 순간에 날아간다. 내가 보내는 시간, 상대방이 열어본 시간까지도 확인할 수 있다. 필연적으로 기다릴 수밖에 없는 물리적 시간들이 없어짐으로써 기다림은 훨씬 잔인한 것이 된다. '수신 확인'의 기능은 현대의 모든 과학기술이 그런 것처럼, 고전적인 비극 대신 사소한 비극을 만들어낸다. 연락할 수 있는 매체가 너무 널려 있고 자신의 일상을 매일 전시하는 과잉 소통의 시대엔, 전달이 너무 쉽다는 것 때문에 오히려, 다른 고통을 남긴다.

편지 속의 그녀에 대해 생각해본 적이 있다. 그 역시 '편지 속의 그녀'를 사랑했을 것이다. 그녀의 단어들 속에서 사뿐히 뛰어다니는 천진스러운 열정의 '또 다른 그녀'에 대해 그는 가슴 벅찬 경이로움을 가졌다. 그녀의 언어들을 통해 그는 그녀의 목소리와 몸짓을 떠올리고 싶어 했다. 그러나 '편지 속의 그녀'는 어디에 있는가? 더 이상 편지의 바깥에서 그녀를 찾기 힘들었을 때, 편지의 마법은 힘을 잃었다. 사랑을 표현하는 모든 언어는 한없이 진실되고, 또 그만큼 연약한 것이다. 그 공허함을 경험한 뒤, 그와 그녀의 마음속에는 부치지 않은 편지들이 쌓여갔고 그 안에서 낡아갔다. 부치지 못한 편지는 현실적으로 아무런 의미도 결과도 낳지 못한다.

하지만 부치지 못한 편지만큼 완벽하게 순수한 고백은 없다. 차마 발설하지 않은 미지의 언어만이 사랑을 완전하게 표현할 수 있다. 그는 되도록 그녀에게 편지하지 않을 것이다.

누군가가 듣기를 바라는 모든 고백이란,
위선이 아니면
위악이다.

내
몸
속
에　들
어
온　너
의
몸

내 몸속에 들어온 너의 몸을 추억하거니
그리운 것들은 그리운 것들끼리 몸이 먼저 닮아 있었구나

── 허수경, 「기차는 간다」

그가 자신의 집에 들어와 처음 불을 켰을 때, 가구와 사물 들의 작은 움직임을 알 수 있었다. 하루 종일 어두운 집에 혼자 있던 어린 몰티즈 강아지가 신발장 밑에 웅크리고 있다가 고개를 드는 것처럼, 사물들은 약간씩 몸을 움직였다. 그 미세한 움직임에 대해 그는 더 이상 놀라지 않았다. 방 안에서 자그마한 물건들을 계속 잃어버리게 되자, 그는 집에 다른 존재가 있을지 모른다는 엉뚱하고 무서운 생각에 사로잡힌 적이 있다. 그러나 그 무서운 생각에 익숙해지자, 그는 자신의 사소한 물건을 감추는 그 무언가가 친근하게 느껴졌다. 그 친근한 유령이 그 자신의 건망증일 수도 있었지만, 그는 그 유령과 친해지기로 했다.

그의 가구들은 제각각의 사소한 관능을 가지고 있었다. 침대의 부드러운 삐걱거림과 시트의 작은 얼룩들, 의자의 매끈한 라인과 창밖을 향해 놓인 의자의 뒷모습이 뿜어내는 상실의 느낌 같은 것들은 사물의 관능을 느끼게 했다. 그의 가구들 중에 가장 에로틱한 것은 책상이었다. 편백나무 원목으로 튼튼하게 만들어진 높이 71센티미터의 책상은 그가 주문해서 만든 유일한 가구였다. 하루 종일 그 책상 앞에서 생활하는 경우가 많았으므로 그것은 그의 연인이거나 몸의 일부와 같았다. 그 책상은 그의 고독과 에로틱한 상상의 등가물이었다. 사물들의 관능은 그들이 뿜어내는 침묵으로 완성된다.

어느 여행지의 매혹적인 햇살이 창으로 들이닥치던 오전 무렵, 그들은 식탁 위에 걸터앉은 채, 마치 그날이 그들의 마지막인 것처럼, 서로의 몸 안으로 스며들었다. 그 식탁의 절묘한 높이에 대해 그녀가 얘기했기 때문에, 그는 후에 튼튼한 71센티미터의 책상을 장만하기로 했다. 그는 책상과 함께 그녀의 몸의 세부를 기억했다. 목덜미와 배꼽 근처와 왼쪽 팔목의 점들의 위치를 알고 있었으며, 귀 뒤쪽 솜털의 어색하고 연약한 부드러움, 그녀 몸의 가장 매끄러운 부분과 가장 건조한 부분, 그녀 몸의 주름들이 그에게 반응하는 속도와 순서를 기억했다. 깊은 수축과 한숨 같은 이완의 리듬과, 그녀가 숨을 멈추는 어느 순간의 긴장과 공포와 설명할 수 없는 절망감 같은 것에 대해서. 왜 몸은 가장 깊은 전율의 순간에 낯선 죽음 같은 냄새를 맡을까?

그는 71센티미터의 책상에서 책을 읽고, 컴퓨터와 마주하고, 술을 마시고, 때로 멍하니 앉아 시간이 벌레처럼 천천히 죽어가는 소리를 들었다. 그가 집으로 돌아가면, 책상은 아무도 찾아가지 않는 묵직한 수화물처럼 그렇게 웅크리고 앉아 있었다. 어둠 속의 수화물은 지난 시간의 어느 한때로부터 잘못 배달된 것 같았다. 불을 켜면 책상은 부재하는 그녀의 몸이 남겨놓은 허물처럼 꿈틀거렸다. 그러나 책상은 그녀를 대신할 수도 없으며, 그 기억을 영원히 보존해주지도 않는다. 그것은 그녀의 몸이 없는 '바로 그곳에 있다'는 사실만으로 존재했다.

그는 이사를 가기 위해 71센티미터의 편백나무 책상을 트럭에 실었다. 환한 햇볕 아래, 트럭의 자질구레한 이삿짐들과 함께 옆으로 세워진 책상의 이미지는, 그것이 보유한 모든 에로틱한 상상적 장면들을 일거에 우스꽝스럽게 만들었다. 하늘을 향해 다리를 내놓은 책상은 외설스럽기보다는 소극(笑劇)의 버려진 소품 같았다. 번잡한 실외 공간의 소음들은 그 책상이 고집스럽게 지켜오던 상실의 이미지를 가볍게 비웃었다. 책상은 이제 모든 에로틱한 비극의 아우라를 벗어던졌다. 사물의 관능이 비극적인 상실감이 아니라 희극적인 아이러니와 결합하는 기묘한 장면.

어떤 날카로운 상실감도 하나의 주기가 끝나면,
시시하고 희극적인 뉘앙스를 풍긴다.

그의 시간 속에서

너를 기다리고 있다는 기척

숨죽여 기다린다

숨죽여, 이제 너에게 마저
내가 너를 기다리고 있다는 기척을 내지 않을 것이다

─ 허수경, 「몽골리안 텐트」

기다림에 익숙한 사람이 있고, 그렇지 않은 사람이 있다는 말은 아마 거짓말일 것이다. 누구나 기다림에 익숙하지 않고, 기다림에 무능하며, 그럼에도 불구하고 언제나 무언가를 기다리며 살아가야 한다. 그녀는 기다림에 익숙하지 않은 것처럼 보였다. 그래서 약속 시간에 대한 그의 조바심은 가끔 사소한 고통을 동반했다. 그는 늘 조금씩 늦게 나타나는 그녀가 고맙기도 했으며, 간혹 정확한 시간에 나타나는 그녀에 대해서는 두려움을 가지기도 했다. 하지만 그녀는 그의 이 작은 기다림과는 다른 더 무거운 기다림 속에 있는 사람인지도 몰랐다.

　그녀를 기다리는 차 안에서 그는 백미러 속으로 다가오는 사람들을 지켜보았다. 그 기다림은 모호한 행복과 날것의 불안을 뒤섞었다. 기다리는 순간만큼 순수하게 한 사람에게 집중하는 시간은 없을 것이다. 아무리 짧은 시간이라도 기다리는 순간은 그 사람에 대해 간절하고 비장해진다. 백미러 속으로 모르는 사람들이 끊임없이 나타났다가 사라지고, 어느 순간 그 사람이 나타났을 때, 그 사람은 그의 기다림에 대해 유일하고 절대적인 사람인 것 같다.

　그러나 기다림은 하나의 착란이다. 기다림의 착란은 그가 기다리는 미래라는 것이 하나의 환상이라는 것, 그럼에도 불구하고 그 환상에 볼모로 잡혀 있는 그의 현재를 말해주었다. 그녀에게 더 이상 기다림의 말을 하지 않게 되고, 그들 사이에 어떤 미래도 존재하지 않는다는 것을 알게 되었을 때, 그는 이제 자신의 기다림의 자세에 대해 생각해야 했다. 그는 그녀를 기다리던 장소를 습관처럼 지나다가 백미러를 들여다보았다. 11월의 찬비가 내리는 거리에서, 기다림이란 이미 착란적인 습관이었다. 그녀가 나타날 이유는 없었지만, 어떤 그림자가 어른거렸다. 그가 기다리는 것이 그녀가 아니어도 좋았다. 어쩌면 그의 욕망은 그녀라는 대상이 아니라 기다림 자체에 머물렀는지도 몰랐다.

가장 지독한 기다림은 기다림의 기척을 내지 않는 것,
기다린다는 것을 절대로 알리지 않는 기다림이다.
그리고 그것이야말로 불가능한 것에 대한 가장 순수한 기다림이다.
그러나 그것은 기다리지 않는 것과 무슨 차이가 있을까?

그는 자신의 늙은 아버지와 함께 도시 변두리의 허름한 목욕탕에 간 적이 있다. 젊은 사람들은 거의 찾아보기 힘든 그곳에서 그는 걷기조차 힘든 아버지의 몸을 닦아주었다. 굽은 등뼈가 드러나는 뒷모습과 어색하게 야윈 다리와 얼룩덜룩하고 탄력이 전혀 없는 피부와 마른 몸에 어울리지 않게 희극적으로 부풀어 오른 아랫배, 그리고 오래전 욕망이 지나간 자리에 피부염을 앓고 있는 사타구니. 육체의 노쇠함은 연민을 불러일으키기보다는, 어떤 피할 수 없는 진실을 웅변하는 것처럼 보였다. 그의 몸과 영혼이 가는 길. 혹은 기다림이란 무엇인가에 대해.

노인의 늙은 나체야말로 모든 기다림이 도착하는 곳을 날카롭게 보여주었다. 몸이라는 사실성에 대해서는 적어도 겸손해야 했다. 그리고 그는 그 곁에 있는 자신의 몸을 거울에 비추어 보았다. 어떤 빠져나갈 구멍도 없고 어떤 비밀스러운 희망의 흔적도 남기지 않는, 무례하고 노골적인 육체의 리얼리티. 헛된 기다림이 남아 있는 몸의 불구(不具). 하지만 죽음밖에 기다릴 게 없다 해도, 우리들은 무언가를 기다릴 것이다. 기다림이 실현하는 것이 죽음밖에 없을지라도, 살아 있다는 것은 기다린다는 것, 혹은 기다리고 싶어 한다는 것. 사랑한다는 것은, 이 기다림의 숙명을 생이 다할 때까지 연기(演技)하는 것. 그러니까 그는 혼자 이렇게 말해야 했다.

'나는 내 기다림을 기다린다.'

2부 그녀의 시간 속에서

네 목소리가 들렸다

네 목소리가 들렸다.
나는 새를 더 잘 날게 하는
너의 목소리

── 정현종, 「너의 목소리」

그녀가 그의 목소리를 처음 들었을 때, 그들은 가까이 있지 않았다. 모르는 사람들 사이에서 들리는 그의 목소리는 상대적으로 나직하고 부드러웠기 때문에, 오히려 그녀의 귀에 더 잘 들려왔다. 딱딱한 바닥을 부드럽게 쓸어내리는 느낌. 큰 굴곡은 없었으나 그 대신 어떤 희미한 무늬들이 조용히 퍼져 나가는 이미지를 떠올리게 했다.

좀더 가까이서 그의 목소리를 듣게 되었을 때, 그의 목소리 톤은 조금 달랐다. 사람들 앞에서 나오는 목소리와 두 사람이 있을 때 드러나는 목소리의 색깔이 다르다는 것은 조금 실망스럽고 어색한 일이었으나, 그녀는 그 목소리의 내밀한 질감에서 어떤 공통의 감각을 찾아내려 했다. 그의 다정함과 허영이 만들어내는 기묘한 떨림에 관해서. 어느 새벽의 전화에서 그가 부르던 노래, 일찍 세상을 등진 가수가 불렀던 낡은 멜로디의 막막하고 허술한 아름다움.

목소리에 매혹된다는 것은, 사랑을 둘러싼 하나의 환각을 암시한다. 목소리는 정의할 수 없고 그 질감을 표현하기 어려우며, 다만 다른 사람과의 빛깔 차이에 의해 구별된다. 목소리의 매혹은 언제나 익명적이다. 시선이 닿는 것은 손으로 만질 수 있지만, 귀에 들리는 것은 만질 수도 붙잡을 수도 없는 순간의 영역이다.

     목소리는 공간을 점유하지 않고,
     다만 시간 속에서 명멸한다.
     사랑의 짧은 순간들이 그런 것처럼.

 하나의 목소리에 익숙해지고 그 안에서 소통한다는 것은 어떤 주술적인 힘으로 들어가는 것을 의미한다. 그의 호명과 권유와 한숨까지도 주술의 일부가 되었다. 목소리는 수식이 없이도 그 자체로 하나의 존재감을 만들어낸다. 언어는 거짓을 만들어내지만, 목소리는 거짓을 만들어내지 못한다. 목소리는 언어에 속하지 않고 몸의 진실에 속한다.

     하나의 사랑이 어떤 힘을 만들어낸다는 것은,
     그 목소리 안에서이다.

 어둠 속에서 그의 목소리가 들릴 때, 그녀는 그의 몸의 감촉과 더불어 그의 목소리의 공명을 느껴야만 했다. 그의 목소리는 그의 손길보다 먼저 그녀의 몸에 스며들었고, 그의 손길이 떠난 다음에도 그녀의 몸 안에서 남아 공명했다. 목소리는 그녀 몸의 가장 건조한 부분에서 깊은 습기의 순간을 찾아냈다. 하나의 목소리가 지나가면, 그다음의 목소리를 기다려야만 했다. 새로운 목소리는 그 앞의 목소리를 지우고 또 다른 미지의 순간을 만들어내었다. 목소리는 의미 이전의 어떤 계시적인 비밀의 소리였다. 그녀는 그가 하려는 말들을 미리 알고 있었지만, 그의 목소리가 들리는 순간을 습관처럼 기다렸다.

그가 스스로를 버리는 장면이 있었다. 그는 무엇이든 완전하게 보이려고 애쓰는 사람이었지만, 그것이 무너지는 순간, 마치 아주 긴 시간 동안 추락을 준비한 것처럼, 애써 지켜온 것들을 일순간 놓아버렸다. 그의 목소리는 자기변호와 자기혐오 사이에서 균형을 잃었다. 그가 자신을 지키려 할수록 그는 불필요하고 과도한 형용사를 구사해야만 했다. 그 형용사들은 그를 지켜주기는커녕 그녀를 차갑게 만들었기 때문에, 자신에게로 되돌아와 강철 같은 예리함으로 그의 심장을 찔렀다. 어떤 경우에도 그가 너무 빨리 자신을 포기해버려서, 그를 붙잡거나 그에게 스스로를 돌아볼 시간을 줄 수 없었다. 그것은 공포보다는 연민을 불러일으키는 것이었으나, 그렇다고 해서 되돌릴 수 있는 것은 아무것도 없었다. 연민이 할 수 있는 일이란, 다만 연민할 수 있는 자기 자신에 대한 위로 같은 것. 마지막 온기가 남아 있는 것들의 무기력함.

  그의 목소리를 듣지 않게 된 시간 동안 그녀는 그 질감을 기억할 수 없었다. 그것은 얼굴이 기억나지 않거나 어떤 장면이 기억나지 않는 것과는 다른 문제였다. 그들 사이에 존재했던 어떤 소리의 자장(磁場)이 사라졌음을 의미했다. 그들의 육체를 감싸고 그들 사이에서 어떤 계시의 순간을 만들어주던 공명의 공간이 소멸한 것이다. 그의 목소리가 부르던 그녀의 이름, 그 이름이 입술에 걸리던 순간의 특별한 억양이 실감나지 않았다.

사랑을 잃는 것은 '나'를 부르는 하나의 특별한 억양을 잃는 것.
그 억양이 존재했었다는 기억만.
어떤 습기가 있던 자리의 얼룩이 되는 것.

목소리는
언어에 속하지 않고 몸의 진실에 속한다.

맹세는 따뜻함처럼 우리를 배반했으나

맹세는 따뜻함처럼 우리를 배반했으나
우는 철새의 애처로움

— 허수경, 「울고 있는 가수」

사람의 어리석은 일 가운데 하나는 맹세를 반복하는 것이다. 맹세는 대개의 경우 자발적인 절실함의 소산이다. 미래의 자신을 믿을 수 없기 때문에, 맹세를 통해 자신을 옭아매어야 할 필요가 있다. 맹세는 현재의 '내'가 미래의 '나'를 구속하는 방식이지만, 대부분 그 구속은 무력한 것이 된다. 맹세는 강하기 때문이 아니라 무력하기 때문에 반복된다. 젊은 날 얼마나 많은 맹세가 우리를 찾아왔다가 흔적 없이 사라지는지. 늙어간다는 것은 맹세의 무기력을 뼈아프게 알아간다는 것, 그래서 함부로 맹세를 하지 않게 된다는 것을 의미한다.

그녀의 삶에서도 사소한 맹세의 시간들이 있었다. 지켜지지 않았기 때문에 회한으로 남은 맹세도 있지만, 그 맹세조차 기억나지 않는 경우도 있다. 기억에서 사라진 맹세들이 만약 죽음에 임박해서 한꺼번에 떠오른다면, 그건 무책임한 인간의 일생에서 가장 가혹한 형벌이 될 것이다.

여고 시절 한때 위장병으로 고생한 뒤, 그녀는 다시는 밀가루 음식과 인스턴트 식품을 먹지 않겠노라고, 위장이 뒤틀리는 이 고통을 반드시 기억하리라고 다짐한 적이 있다. 그 다짐이 얼마나 공허한지를 아는 데는 몇 주도 걸리지 않았다. 10대 소녀가 불량한 식품을 먹지 않고 사춘기를 견딘다는 것은, 주기적인 생리통과 변비로부터 해방되는 일처럼 현실적으로 가능하지 않았다.

남자들은 여자 앞에서 지나치게 많은 맹세를 한다. 그 맹세는 허세인 경우가 많다. 굳이 하지 않아도 되는 맹세 때문에 스스로 자기기만을 연출하는 일은 우스꽝스럽고 서글픈 것이지만, 그럼에도 불구하고 맹세는 어느 순간 튀어나온다. 그는 맹세를 남발하는 사람은 아니었지만, 자신의 실수나 사소한 거짓을 만회하기 위해 지나치게 무거운 맹세를 하기도 했다. 그 맹세를 지켜보는 일이 즐겁지 않은 것은, 그 맹세에 짓눌려 살아가거나 그 맹세를 지키지 못하는 자신을 혐오하는 사태가 뻔히 예상되기 때문이다. 그런 부질없는 맹세는 스스로 내부에 장치한 폭약 같은 것일지도 모른다. 그럼에도 불구하고 맹세를 할 수밖에 없는 순간이 반드시 있다는 것은 살아 있는 인간의 희비극이다.

그와 함께했던 사랑의 사소한 맹세들. 한때는 지나치게 구체적인 약속들이 마음 깊숙한 곳에 숨어 있지 못하고, 서로의 입을 통해 흘러나왔을 것이다. 그런 맹세들은 어두운 곳에서 저 혼자 반짝거리다가 스스로 사그라져야 마땅했다. 맹세가 발설되는 그 순간 그것이 훗날 얼마나 잔인한 마음의 흉기가 될 수 있는가를 알기란 불가능할 것이다. 시간이 지나면 그 내용조차 기억하지 못하거나, 서로 엇갈리게 기억할 수밖에 없는, 그런 보잘것없는 말들이 한때는 얼마나 숨 막히게 절실했는지.

맹세의 시간이 사라져도, 그 공간이 기억나는 일이 있다. 이를테면 초가을의 어느 날 그들이 함께 나란히 앉아 있던 공원 벤치 같은 곳. 함께 눈빛으로 가리켰던 나무 하나가 문장으로 발설되지 않는 약속이 될 수 있던 순간이 있었다. 특정한 사물이 둘만의 은밀한 은유가 되기도 했던 그런 시간이 존재했다. 언어로 발설되지 않은 맹세야말로 가장 순수한 맹세에 속할 것이다. 그것은 타인의 시선에 묶여 있지 않은 내면의 약속이기 때문이다. 그가 그 약속의 의미를 알고 있었는지는 모른다.

발설되지 않은 약속은 약속인가?
어떤 순간 성립된 익명의 약속과 그 약속이 만드는 회한을
두 사람이 공유했다는 것을 어떻게 알 수 있을까?

10월의 어느 날, 그녀는 다른 사람들과 함께 다시 그곳에 가게 되었다. 공원은 군데군데 공사 중이었고 호수는 정비를 위해 물을 빼고 있어서 거의 바닥이 드러나 있었다. 햇빛을 받아먹은 잔잔한 물결들이 정교한 빛의 무늬를 띠던 그 호수는 보이지 않았다. 갯벌과 같은 찐득한 검은 흙에 덮여 있는 호수 바닥은 거대한 짐승의 벌어진 내장처럼 보였다. 그 위에 상처처럼 어지럽게 박혀 있는 돌들은 함부로 파헤쳐진 유적지 같았다. 일찍 들이닥친 초겨울 바람이 계절을 앞질러 호수의 바닥을 긁어내렸다. 바닥이 드러난 호수는 한 여자의 폐경처럼, 부주의하고 무기력했다. 나무는 그 황폐한 풍경 한가운데서 아무래도 상관없다는 듯이 서 있었다. 그녀는 그들 사이의 무언의 약속 때문에 그곳에 간 것은 아니었다. 그럼에도 불구하고 그곳에서 차마 발설하지 않았던 약속과 혼자 가만히 담아둔 맹세가 떠올랐다. 맹세의 내용은 분명하지 않았지만, 그곳에서 그녀가 스스로를 단단히 묶어두고자 했던 어떤 마음의 굴곡이 생각났다. 그것 때문에 잠깐 망연했지만, 다시 그 호수에 물이 차오르는 시간이 돌아올 것이라는 기대는 남아 있지 않았다. 그녀보다 오래 견뎌왔을지도 모르는 그 나무의 억센 생에 대한 생각이 잠깐 스치고 지나갔다.

맹세가 보잘것없는 것이라면, '우리'는 배반에 익숙해져야 할 것이다. 배반에 익숙해져서, 그렇게 늙어가다가, 잠깐이라도 무언의 약속이 떠오른다면,

'당신은 나의 배반을 어떻게 견디고 있는지,
당신은 당신 스스로의 배반을 어떻게 견디고 있는지'
물어보고 싶을 때도 있는 것이다.

그러나 그 질문의 캄캄한 심부로 들어가는 것은 위험한 일이다. 그 무수한 맹세들에 대한 천연덕스러운 망각이 견딜 수 없이 역겹다면, 어떻게 똑같은 아침을 맞이할 수 있을까? 다만 그 맹세들이 환각처럼 되살아나는 시간들을 혼자 감당할 수 있을 뿐.

너는 나의 목덜미를 어루만졌다.

너는 나의 목덜미를 어루만졌다
어제 백리향의 작은 잎들을 문지르던 손가락으로

── 진은영, 「연애의 법칙」

그녀는 자신의 피부에 닿는 그의 손가락을 기억했다. 그의 애무의 속도와 특유의 순서와, 그 순서 사이의 짧은 머뭇거림들. 하나의 망설임과 하나의 조바심이 교차하는 순간들. 이를테면 발목의 사소한 멍 자국이나 까칠하고 건조한 무릎에서 그의 손길이 오래 머무는 이유 같은 것. 한 번도 공개된 적이 없는 삶을 조심스럽게 열어보는 듯한 설렘과 조심스러움. 마치 시력을 잃은 사람처럼 더듬거리며, 그는 오직 손길로써만 그녀가 세상에 존재한다는 것을 확인하고 싶어 했다. 가끔 그 몸짓은 가 닿을 수 없는 것, 이미 사라진 것을 만지려는 것처럼, 절망적이고 불안한 순간을 예비했다.

그녀의 몸에 영원히 스며들 수 없는 손가락의 절망.

연인의 몸을 만진다는 것은, 몸의 가장 미세한 진동을 경험하는 것이다. 만진다는 행위는 움켜쥐거나 마찰하는 것과는 조금 다르다. 그것은 부드럽게 쓸어내리거나 차라리 스치는 행위에 더 가깝다. 하나의 피부가 다른 피부에 스칠 때, 피부는 민감한 반투명(半透明)이 된다. 은밀한 열기를 불러일으키고, 표피의 작은 돌기들을 자극하는 전율은 피부와 피부가 만나는 몸의 사건이다. 사랑의 몸짓에 관한 한 피부는 눈과 머리와 가슴에 우선하며, 몸을 둘러싼 맨 끝의 감각을 교환한다. 만지는 행위를 완성하는 것은 피부와 피부 사이에서 떨리는 공기의 흐름이다. 만짐은 눈으로는 포착할 수 없는 몸의 가장 미시적인 운동에 다다르게 한다. 이 운동은 서로 감응하는 몸의 표면들로부터, 피부와 피부를 타고 넘어, 마침내 연인의 몸속에 숨어 있던 어떤 갈망, 어떤 소용돌이, 어떤 울음을 대면하게 한다.

연인의 몸을 스치는 손가락의 움직임은
어떤 불가능한 기다림의 메타포다.
손가락은 한없이 연인의 몸을 어루만지지만,
영원히 그 몸으로부터 미끄러진다.
유리에 스며들 수 없는 물방울의 사소한 절망처럼.

그녀는 그 손가락의 기억이 희미해지려는 시간에 자신의 발목과 무릎을 만져보았다. 그것은 스친다는 행위보다는 안쓰럽게 쓸어내리는 동작에 가까웠다. 자기 몸에 대한 연민은 그 무엇보다 끈질긴 것이었으나, 그 연민은 한 사람의 부재에 대한 몸의 해석 같은 것이었다. 그리고 그녀는 또 다른 한 사람의 부재를, 한 사람의 죽음을 떠올렸다.

그녀의 어머니는 유난히 햇볕이 쨍한 8월의 아침 돌아갔다. 밤새 숨을 고르던 어머니가 숨을 멈춘 것은 다인용 병실의 아침 식사 시간이었다. 어린 시절 그녀는 할아버지의 죽음을 경험하기도 했지만, 다인용 병실에서 어머니의 임종을 보리라는 예상은 하지 못했다. 아침 시간 다인용 병실에서의 죽음은 살아남은 사람들의 일상과 한 사람의 죽음의 순간을 기묘하게 대비시켜주었다. 어떤 환자는 가족이 날라다 준 아침밥을 뜨고 있었고, 어떤 환자는 수건을 어깨에 걸치고 칫솔을 들고 부산스럽게 병실을 가로질러 갔다. 한 공간에서 누군가는 일상을 시작하고, 누군가는 일상이 없는 세계로 떠나갔다. 어머니와 같은 질환을 가진 사람들의 임종에 대해 들었던 몇 가지 풍문과는 달리 어머니의 임종은 조용하고 깨끗했다.

이렇게 많은 사람들 가운데서 세상을 등진 모습 역시, 어머니가 살아온 삶의 방식의 마지막 관성처럼 느껴졌다. 가족들이 흐느끼는 사이, 조금 전 숨을 거둔 어머니의 발목이 시트 바깥으로 빠져나와 있었다. 어떤 온기와 탄력도 없는 앙상한 발목을 그녀는 깊은 울음을 삼키며 어루만졌다. 곧 흙 속에서 썩어갈 어머니의 발목은 그녀의 생이 가닿는 시간을 암시했다. 그녀는 어머니의 죽음 뒤에야 거의 처음으로 어머니의 육체에 대한 실감을 만났다. 그녀는 자신의 생애에서 그 발목의 차고 건조한 촉감을 잊을 수 없을 것 같았다.

누군가의 몸을 만진다는 행위의 지극함은, 그 사람이 결국 떠날 수밖에 없다는 것, 그 사람의 부재에 대한 예감에서 비롯된다. 그러니까 '나'는 '떠나려는 몸'을 만진다. 떠나려는 몸은 하나의 벼랑이다. '나'는 '당신'의 벼랑을 만진다. 만진다는 행위는 울음이 된다.

그 울음이 떠남을 멈추게 할 수는 없지만,
그래도 어떻게 만지는 것을 멈출 수 있을까?

자기 몸에 대한 연민은 그 무엇보다 끈질긴 것이었으나,
그 연민은 한 사람의 부재에 대한 몸의 해석 같은 것이었다.

마
지
막　눈이　내릴　때

마지막 눈이 내릴 때
우리는 만날 수 있을까
허연 머리칼 위로 떨어지는 눈송이 눈송이
눈송이는 떨어질까

─문충성, 「마지막 눈이 내릴 때」

그녀는 첫눈 같은 것을 기다리지 않았고, 첫눈에 대한 낭만적 약속을 한 적도 없었다. '첫눈'의 기준이란 얼마나 모호한 것인가? 어떤 사람들은 첫눈을 보지 못할 수도 있고, 어떤 지역에는 다른 곳에서 내리는 첫눈이 내리지 않을 수 있고, 쌓이지도 않고 잠깐 흩날리는 눈일 수도 있다.

첫눈에 대한 공식적인 기준은 단순하다. 1920년대부터 기상청이 자리 잡았던 서울 종로구 송월동 서울기상관측소를 기준으로 삼는다고 한다. 그곳에서 첫눈이 관측되면 비로소 '첫눈'으로 공식 인정된다는 것이다. 이 관습적인 기준을 개인적으로 수긍할 수 있는 사람은 많지 않을 것이다. 누구나 자기 마음속의 첫눈이 있고, 자기 생애의 마지막 눈에 대한 예감도 있다.

> 첫눈의 신화는 계절의 반복이 아니라,
> 새로운 시간이 시작될 것 같은
> 징후와 기대에 기대고 있다.

그 낯선 술집의 계단에서 그들에게 처음의 입맞춤이 찾아왔을 때, 눈이 내릴 기미는 없었다. 그들이 그 계단에서 다시 1층으로 내려왔던 시간, 그때 눈이 날리기 시작했다면, 그들은 다시 지상으로 귀환했다는 것을 잊어버렸을 것이다. 그랬다면, 계단이라는 무중력의 공간 속에서의 몽환적인 키스가 끝없이 지속될 것 같은 착각에 사로잡혔을 것이다. 그러나 눈이 내리지 않는 겨울 도시의 거리는 번잡하고 소란했으며, 진부하고 허술했다. 사람들의 무심한 걸음걸이와 번쩍거리는 간판들의 남루함과 정체불명의 바람 속에서, 방금 전 입술의 완벽한 느낌은 순식간에 흩어졌다. 그건 다시 그 순간을 소유할 수 없다는 것을 명시적으로 보여주는 풍경이었다.

다음 날은 휴일이었고, 전날의 초현실적인 키스의 느낌은 실감나지 않을 만큼 아득해졌다. 그녀는 자신이 전화나 문자를 기다리는 것인지 아닌지를 알 수 없었다. 자신이 진정으로 기다리는 것이 무엇인지를 안다는 것은 얼마나 어려운 일인가? 무엇을 기다리는지 알 수 없어서 잠깐 망연해지는 순간, 마치 어떤 기습처럼 창밖으로 눈이 쏟아지기 시작했다.

눈이란 그런 것이다.
기다리지 않았을 때.

기다림을 잊었을 때.

어떤 초대도 없이 불현듯 마음에 들이닥치는 것.

그와 함께 눈을 본 것이 몇 번이나 되었을까? 그 모든 사소한 순간들을 기억하는 것은 부질없지만, 어떤 이미지는 쉽게 소화되지 않는 음식처럼, 몸 안에 오래 머물러 있다. 늦도록 함께 있다가 새벽의 도로를 달리던 날, 그녀의 집 근처에 이르러 눈이 쏟아지기 시작했고, 함박눈은 순식간에 풍경을 점령했다. 가로수의 앙상한 가지 위로 눈들이 위태롭게 쌓여가고, 가로등 불빛 속으로 단념한 듯 떨어지는 눈들은 현란한 낙화처럼 보였다. 눈은 순식간에 밤이 보유한 풍경의 농도를 완전히 바꾸어놓았으며, 그들을 일거에 다른 시공간으로 데리고 갔다. 그들이 있는 공간에 눈이 내리기 시작한 것이 아니라, 아주 오래전부터 눈이 내리고 있는 나라에 길을 잃은 그들이 우연히 도착한 것 같았다. 그들은 돌아가야 할 곳이 없는 사람처럼 차창 앞 유리에 들러붙는 눈송이들의 완벽한 군무(群舞)를 말없이 쳐다보았다. 이상하게도 자기 생에 대한 어떤 설명할 수 없는 죄의식이 몰려왔다.

하나의 시간을 단절시키고.

공간을 순식간에 뒤바꾸기도 하는 것,
눈이란 그런 것이다.
그럼에도 불구하고 눈이 지상에 머무는 순간은 아주 짧다.
추락과 소멸을 위하여 시작되는 사랑의 시간처럼.

그에게 첫눈에 얽힌 약속을 한 적이 없는 것은, 그들 사랑이 언제나 벼랑에 있다는 느낌 때문이었다. 벼랑 위에서 우연한 내일을 위한 낭만적 약속이란 얼마나 무력한 것인가? 그녀의 삶에서 눈이 내리는 순간에 매혹된 기억이 있다면, 그건 벼랑의 느낌을 잊게 해주는 최면의 순간이었을 것이다. 그녀는 차라리 마지막 눈의 약속을 생각했다. 그런 약속을 발설한 적도 없고, 그건 첫눈의 약속보다 더 무모한 것이지만, 생애 마지막 눈을 함께하는 것은 수많은 첫눈의 약속보다 깊은 약속일 것이다. 마지막 눈을 함께 맞을 수 있다는 약속은 성립될 수 없다. 한 사람의 마지막은 다른 한 사람의 마지막과 일치하지 않을 것이며, 죽음은 관대하지 않다. 하지만 마지막 지상에서 소멸하는 고요한 풍경을 응시하는 순간이 있다면, 그 순간의 그리움은 일생 몫의 그리움일 것이다. 그리고 그때 '당신'과의 눈의 기억이 남아 있어, 간신히 한 조각이라도 떠오른다면, 내밀한 약속은 완성된 것이다.

생애 마지막 눈이 들이닥치는 시간,
한 생의 그리움들이 일제히 지상으로 내려오다가
다시 바람에 붙들려 공중으로 올라갈 것이다.

당신, 냄새의 세계

나는 코만 남아서 정신없이 냄새를 맡는다.
냄새의 세계에는 비밀이 없으리.

— 김행숙, 「얼굴의 탄생」

몸을 가진 것들은 고유의 냄새를 지니고 있다. 냄새는 살아 있는 몸 혹은 사물들로부터 나오지만, 정작 그것 자체는 형태를 갖지 않는다. 냄새는 기원은 있으나 질량은 갖지 않는다. 그것은 유령처럼 사물들을 타고 넘어 어떤 물질 속에 지울 수 없는 표식을 남긴다. 그것은 언제나 타인에게 무방비로 노출되어 있는 몸의 사건이다. 공간 속에 모습을 보이지 않으면서 다만, 시간의 징후로 존재하는 것. 아기의 몸에서 나오는 젖 냄새가 탄생한 지 얼마 안 된 여린 육체의 현존을 증거하는 것처럼. 냄새는 감출 수 없기 때문에 슬프다. 어린 시절 할머니의 무릎에서 나는 냄새는 방에 거꾸로 매달아놓은 마른 꽃다발의 서걱거리는 냄새와 비슷했다. 가을날 천천히 말라들어 가는 나뭇잎들을 스치고 온 바람 냄새. 몸에서 스스로 수분을 조금씩 내보내면서, 조용히 몸을 말리는 방식으로 늙은 육체의 나쁜 냄새를 걸러내고 있었다. 그 억새풀 같은 마른 몸에 몹쓸 병이 찾아와서 배변 주머니를 달아야 했을 때, 할머니는 자기 생의 가장 큰 모욕을 견뎌야 했다. 할머니의 마지막 냄새는 그녀의 초경보다 오래 기억되었다. 자신의 몸 냄새를 사랑하지 않는 사람은 불행하다. 인간은 자기 몸의 냄새로부터 결코 도망칠 수 없다는 측면에서 냄새에 붙들린 존재이다. 지난밤의 과음보다 견딜 수 없는 것은 다음 날 아침에 자기 몸에서 나는 냄새이다. 냄새는 자기 몸의 근원적인 불결함과 불완전성을 뼈아프게 실감하게 만든다. 죽음만이 자신의 모멸적인 냄새로부터 스스로를 해방시켜준다.

그의 냄새는 가장 모호하고 흐릿한 종류의 것이었다. 이를테면, 그의 입술에서 그녀의 입술을 떼는 순간, 흐릿한 환약 냄새 같은 것. 그에게는 10월의 투명한 공기와 5월의 땀 냄새가 섞여 있었다. 그는 담배를 피우지 않았고, 스스로의 냄새에 대해 민감했다. 예민한 피부 때문에 부드러운 질감의 옷을 즐겨 입었던 그의 몸에서는 희미한 습기를 머금고 있는 순면의 직물 냄새가 났다. 그것이 그의 냄새인지 그의 몸을 감싸는 옷 냄새인지 구별하기 어려웠다. 그는 땀이 많은 편이었다. 그의 손바닥은 많은 경우에 젖어 있어서, 그녀의 손을 잡을 때 그의 손에서 나는 땀에 대해 그녀는 익숙해졌다. 하지만 정작 그는 자신의 땀 냄새를 쉽게 받아들이지 못했다.

어쩌면, 생의 문제는 자기 몸의 냄새를 어떻게 견디는가 하는 것.
사랑의 문제는 타인의 냄새를 어떻게 잊을 수 있는가 하는 것.

그의 땀 냄새는 고된 노동이나 격렬한 운동의 끝에 나오는 냄새라기보다는 몸속에 엄청난 수분을 간직하고 있는 사람의 피할 수 없는 범람과 같았다. 그녀는 여름날 그의 몸에서 작은 수포가 올라오는 물소리를 들었다. 물소리는 깊은 몸의 냄새를 귀에 들리게 해주었다. 어느 여름날 후덥지근한 공간에서 그들이 짧은 사랑을 나누었을 때, 그녀는 사람의 몸에서 그렇게 많은 수분이 나올 수 있다는 것에 놀랐다. 그의 몸에서 나온 물들 때문에 그들은 마치 출렁이는 공간을 유영하는 것처럼 느꼈다. 그는 자기 몸을 뒤덮은 끈적한 습기와 비릿한 공기에 대해 어떤 모멸감을 느끼는 것처럼 보였다. 생리 기간에 무언가를 뒤집어쓴 듯한 우울에 익숙한 그녀에게 그의 몸은 가끔 낯익은 거울과 같았다.

연인의 냄새에 대해 이름 붙일 수 없는 것은, 그것이 세상의 언어들로는 형언할 수 없는 고유성을 갖기 때문이다. 사라진 혹은 사라질 시간들의 이름. 냄새만큼 그 사람의 현존을 육체적 실감으로 만나게 하는 것은 없지만, 한 사람의 냄새는 소유할 수도 보존될 수도 없다. 냄새는 언제나 침묵하지만, 냄새의 기억은 가끔 유령처럼 나타나 시간을 역행하여 무한으로 스며든다. 사랑이 있었다는 것은, 그 냄새에 반응했던 어떤 몸의 시간이 있었다는 것이다.

그대 나였던가, 바닷가에서는

그대가 나였던가, 바닷가에서는
비로소 노을이 밝혀드는 황홀한 축제 한창이다.

── 김명인, 「다시 바닷가의 장례」

남쪽 해안 도시에 오래 머무를 시간은 주어지지 않았다. 그녀는 그곳에 해야 할 다른 일이 있었고, 그는 그녀를 두고 먼저 돌아와야 했다. 저녁의 해변은 짙은 안개에 휩싸여 있었다. 해무는 바다 저쪽에서 피워낸 거대한 연기 같았다. 규칙적인 파도 소리 사이로 안개로 인한 사고를 막으려는 무적(霧笛)이 들렸다. 바다는 여전히 유연한 동작으로 몸을 내밀었다가 빼는 움직임을 반복했고, 그사이 안개는 낮은 수평선을 조금씩 지워갔다. 마치 이 무수한 반복이 전혀 지겹지 않은 것처럼, 바다는 초연하게 자기 운동을 지속했다. 안개는 이 광막한 세계를 더욱 광막하게 만들었지만, 그 바다 앞에서 그들은 이 무한의 시간을 소유할 수 없었다.

안개 사이로 폭죽을 쏘아 올리는 젊은이들이 있었다. 젊은이들이 장난스럽게 쏘아 올리는 폭죽은, 안개 위로 낮게 떠올랐다가 잠깐 동안만 빛을 뿜어내고 곧 사라졌다. 그들에게 그 저녁과 밤은 느긋하게 즐길 수 있는 시간이 아니었다. 다시 돌아올 수 없는 시간이라는 예감은 순간순간을 안타깝게 만들었다. 그 안타까움이 조바심을 만들어냈지만, 그들은 함부로 미래를 약속하는 것 대신에, 주어진 시간을 잘게 나누어 사용했다. 해무 가득한 해변을 손을 잡고 걷다가, 그가 무엇에 홀린 듯 파도

바로 앞에서 터지는 폭죽의 방향으로 걸어갔다. 그가 갑자기 안개 쪽으로 걸어갔기 때문에, 그녀는 미처 그를 따라가지 못했다. 그녀 곁에 있던 그는 순간적으로 안개 속으로 증발했다. 그녀는 시야에서 사라진 그를 찾기 위해 안개 쪽으로 따라 들어갔지만, 그를 찾기가 쉽지 않았다. 그녀는 아주 기이한 느낌에 사로잡혔다. 방금 전까지도 자신의 손을 잡고 있던 그가 마술처럼 증발하는 장면은, 그녀에게 지울 수 없는 기억으로 각인되었다. 마치 무엇에 들린 것처럼 안개 사이를 헤매던 그녀의 뒤쪽에서, 그가 유령처럼 홀연히 나타나 그녀의 흔들리는 어깨를 붙잡았다. 그녀는 그가 어깨를 붙잡은 뒤에도 몸이 한참 동안 떨리는 것을 느꼈다.

  다음 날. 먼저 돌아가는 그를 배웅하고 온 저녁, 그녀는 호텔 발코니에서 어젯밤 그의 사라짐을 떠올렸다. 어제의 해무는 하룻밤의 무모한 장난처럼 걷혀 있었다. 그녀는 꿈결처럼 사라졌다가 꿈을 깨는 순간 등 뒤에서 나타난 그의 실루엣을 생각했다. 혼자 술을 마셔야겠다고 생각하고 바다를 향하던 시선을 거두는 순간, 작은 불꽃 하나가 하늘을 향해 쏜살같이 솟아오르는 것을 보았다. 작은 불꽃이 높이 올라가 잠깐 공중에서 머뭇거리다가 현란한 불꽃으로 폭발했다. 그리고 그 신호에 뒤이어 수없이 많은 불꽃들이 연속적으로 하늘로 솟아올랐다. 사람들의 함성 소리가 마치 바다 저편의 아우성처럼 들려왔다. 그녀는 그 압도적인 장면 앞에서 먹먹해졌다. 그 장면은 소유할 수 없는 절정의 이미지였다. 그녀는 왜 그들이 함께 있던 어제 저녁에 불꽃놀이가 벌어지지 않았는지를 아쉬워했다.

그것은 그들이 함께 생의 절정을 경험할 수 없다는
엇갈림의 상징처럼 느껴졌다.

한참 동안 하늘을 뒤덮있던 무수한 불꽃들이 사라지고 다시 캄캄한 하늘이 나타났을 때, 그녀는 조금 울었다는 것을 알았다. 누구와도 나눌 수 없을 것 같은 고독이 해무처럼 한꺼번에 몰려와 그녀를 쓰러뜨렸다.

그 남쪽 해안 도시에서 불꽃놀이가 열린다는 것을 그녀는 미리 알지 못했다. 불꽃놀이에 매혹되는 것은 사랑에 매혹되는 것과 유사하다. 어두운 하늘 위를 순간적으로 솟구쳤다가 순식간에 명멸하는 불꽃의 아름다움은 사랑의 은유가 되기에 충분하다. 불꽃은 압도적인 장면을 선사하지만, 공간을 점유하지 않고 허공 위로 떠올랐다가 순간 속으로 사라진다. 공중에는 어떤 흔적도 남아 있지 않고, 그 순간의 잔상이 캄캄한 어둠 속에서 조금 머물러 있다가 이내 지워질 뿐이다.

가장 아름다운 장면은 언제나 조금 늦게, 느닷없이 온다. '당신'과 그 장면을 함께하는 행운은 쉽게 찾아오지 않는다. 생애 최고의 불꽃은 그 사람의 부재 사이로 솟아올랐다가 명멸한다. '내 사랑'은 그 절정의 차례를 기다리지 못한다.

누구와도 나눌 수 없을 것 같은 고독이 해무처럼 한꺼번에 몰려와 그녀를 쓰러뜨렸다.

내 사랑하는 시월의 숲은

오오, 그리운 생각들이란 얼마나 죽음의 편에 서 있는가
그러나 내 사랑하는 시월의 숲은
아무런 잘못도 없다

──기형도,「10월」

'10월이 오면'이라고 말하는 것은, '10월이 가면'이라고 말하는 것과 크게 다르지 않다. '10월'은 그런 달이다. 시간의 틈새에서의 시간. 온다는 것이 동시에 간다는 것을 의미하는 계절. 그리운 생각들과 날카로운 추억들이 서로 뒤섞이며 이 계절의 부피를 만든다. 높은 고도로부터 구름이 만드는 기이한 문장들은 주어를 잃어버린 동사처럼 떠다니고, 되돌아온 바람의 그림자 아래서 모든 풍경은 어떤 서늘한 유머를 거느린다. 영원히 열려 있을 것 같은 시간의 문들은 이상한 빛을 뿜어내고 차례로 닫힌다. 10월에 사람들은 걸어 다니는 것이 아니라, 몰려다니는 공기 사이를 유영한다. 사람들은 문득 자신들을 떠다니게 하는 시간의 부력을 깨닫고 살갗이 선소해지는 이유를 알게 된다. 잊혀버린 것들의 무거운 귀환과 두려운 반복에 대해서도.

계절이 바뀔 때마다 그녀는 의례처럼 자신의 옷들을 정리했다. 그것은 하나의 계절을 마감하고 새로운 계절을 준비하는 절차였다. 그 옷들과 함께 그녀는 다시 서랍 속에 가두어야 할 시간과 계절의 주기를 돌아 다시 되돌아오는 시간의 흔적들을 발견했다. 그녀의 그레이 니트 원피스는 아끼는 옷 가운데 하나였다. 유행을 타지 않는 심플한 디자인에 따뜻한 니트의 촉감이 적당한 탄력으로 몸을 감싸는 그 원피스의 스타일은 그녀를 편안하게 했다. 그녀에게 원피스라는 옷은 몸을 어떤 구획으로도 나누지 않고 온전하게 신체의 실루엣을 보존해주는 부드러운 느낌을 선사했다. 바람이 조금 차가워지면, 그녀는 그레이 니트 원피스 위에 검은 재킷을 걸쳐 입고 블루 톤의 머플러를 두르곤 했다. 다시 서랍장에서 그 원피스를 꺼냈을 때, 그녀는 잊고 지내던 얼룩을 발견했다.

그해 10월, 그들은 함께 있었지만 서로에게 위로받은 순간은 같지 않았다. 사람들은 그 사람의 우연한 눈빛과 그 사람의 우연한 말과 그 사람의 우연한 몸짓에 위로받는다. 정작 그 사람은 그 위로와 매혹의 순간을 모른다. 위로의 과정도 고독한 것이다. 그는 아마도 그날 밤 그녀가 무엇에 위로받았으며 무엇에 무너졌는지 정확히 알지 못할 것이다. 함께 나누어 마신 와인 때문에 그들은 조금 취했고, 음식을 옷에 잘 흘리곤 하는 그녀는 몇 방울의 와인이 자신의 원피스에 묻은 것을 집에 돌아와서 발견했다. 몽롱해진 의식 속에서 그녀는 이 계절에 이 옷을 다시 입지 않을 거라는 사소한 다짐을 했고, 그 옷은 얼룩을 간직한 채 서랍 속에서 몇 개의 계절 동안 잊혔다. 그 옷을 다시 꺼냈을 때, 그녀는 불현듯 다시 이 원피스를 입고 싶다는 충동을 느꼈다. 얼룩을 둘러싼 기억들이 잠깐 그녀를 흔들었으나, 세탁소로 향하는 그녀의 걸음은 다시 가벼워졌다. 얼룩을 들여다보던 세탁소 주인이 잘 지워지지 않을 것 같다는 말을 했을 때, 그녀에게는 이 끈질긴 얼룩과 결별하지 않으면 안 된다는 이상한 절박함이 솟아올랐다.

"그럼 스커트로 만들어주세요"라고
단호하게 말하는 자신을 발견한 것은 순식간이었다.

그녀의 그레이 니트 원피스는 니트 스커트로 다시 태어났다. 원피스는 상체 부분이 잘려 나갔고, 그건 어떤 시간을 기억하는 심장과의 깨끗한 단절을 의미했다. 그녀는 그 위에 베이지 니트를 입고 10월의 성긴 바람 속으로 걸어 들어갔다. 바람은 원피스가 잘려 나간 그녀의 허리 쪽으로 함부로 파고들었지만, 그건 바람의 잘못도 그녀의 잘못도 아니었다. 사랑에 관해서는 두 개의 단념이 있다. 첫번째 단념은 어떤 시간, 어떤 갈망과의 깨끗한 결별을 의미한다. '나'는 순수한 망각과 체념 속에서 살고 싶다. 두번째의 단념은 단념에 대한 갈망으로부터의 단념이다. 이 두번째 단념으로부터 '나'는 10월의 서늘한 유머를 배우고, 그 시간들에 대해 때로는 약간 웃을 수 있다. 단념 다음의 사랑에 대해서 생각할 수 있는 것은, 바로 이 두번째 단념 이후이다.

달이 걸어오는 길에서 사랑은

오 오, 달은 내 속에 든 통증을 다 삼키고
저 혼자 붉어져 있는데, 통증도 없이 살 수는 없잖아,

─ 허수경, 「달이 걸어오는 밤」

달이 '아스피린' 같다고 노래한 시인이 있다. 달의 이미지가 통증과 연관된다면, 그건 차고 기우는 달의 시간 때문일 것이다. 그들이 함께 달을 보았던 기회는 많지 않았다. 늦은 저녁 식사를 함께하고, 뭔가에 쫓기듯이 골목길을 돌아가다가, 그들은 어두운 모퉁이에서 충동적으로 짧은 키스를 나누었다. 좀더 긴 입맞춤의 시간이 그들에게 주어지지 않았기 때문에, 아쉬움으로 아직 열려 있는 서로의 입술을 손으로 더듬었다. 손가락의 지문과 따뜻한 입술의 주름이 뒤섞였을 때, 그들 머리에 농담처럼 떠오른 달을 보았다. 아쉽지만, 사랑하는 사람의 입술을 둘러싼 관능의 자리를 달의 오래된 관능이 대신하게 되었다. 완전한 원을 이루지 못한 그 달의 불완선함은 그들이 지금 겪고 있는 시간의 은유처럼 느껴졌다.

그 달은 아주 작은 빛과
시간의 조각들로 기워진 것처럼 보였다.

그들은 약간 이지러진 그 달이, 차오르는 달인가 기우는 달인가를 확신하지 못하고 각기 다른 해석을 내놓았다. 이 기본적인 과학적 상식의 차이는 그들이 통과하고 있는 시간에 관한 태도의 차이를 암시했다. 그녀의 눈에 그 달은 기우는 달이었지만, 그는 그 달을 차오르는 달로 호명하고 싶어 했다. 그녀는 그들 사랑의 위치에 대해 비교적 냉정한 판단력을 가지고 있었지만, 그것이 그에게 때로 아픔이 된다는 것을 알았다. 그녀가 그들의 사랑에서 그믐의 이미지를 보았다면, 그는 그것을 초생의 이미지로 받아들이고 싶어 했다. 그녀에게 그의 소망적인 해석은 가끔은 고마운 것이었으나, 한편으로는 다른 통증을 불러올 수 있는 '희망의 독'처럼 느껴졌다. 그의 끈질긴 희망은 시간의 불안을 견디려는 헛된 주문 같은 것이었다. 그녀는 사소한 희망을 가져야만 삶의 동력을 얻을 수 있는 그의 괴로움을 그 축축한 손바닥을 통해 느낄 수 있었지만, 그녀 역시 그들 사랑의 시간을 관장할 수는 없었다.

사랑하는 사람들은

같은 달을 다른 시간 속에서 바라본다.

그들이 함께 하나의 달을 보고 있다는 것은

아름다운 일이지만,

그들이 다른 시간 속에 있다는 것은 가혹한 일이다.

그녀는 그가 믿고 싶어 하는 시간이 무엇인지를 알고 있었다. 그는 미래를 소유하고 싶어 하는 사람이었고, 그래서 그가 자신의 기대로부터 배반당하고 그 희망이 찢기는 것은 필연적이었다. 그녀는 미래의 부재와도 사랑할 수 있는 작은 공간을 가졌지만, 그의 괴로움은 어떤 미래를 가져야만 해소될 것 같았다.

연인들이 각기 다른 장소에서 같은 순간에 달을 보게 되는 일이 일어날 수 있을까? 로맨틱한 영화에 등장하는 이런 낭만적 우연은 그것을 증명해줄 신적인 존재(신과 같은 카메라의 눈!)가 있어야만 증명 가능한 법이다. 현실적으로 그들이 그 순간에 연락하지 않는다면, 그 장면을 확인할 수 있는 방법은 없다. 이를테면, 그녀가 2층 연립주택 창으로 달을 보았다면, 그는 17층의 아파트 베란다에서 달을 보았다. 어떤 과학적 의견에 따르면, 고도가 높을수록 시간이 빨리 흐른다. 시간과 공간은 항상 일정한 것이 아니며 유일한 상수(常數)는 빛의 속도뿐이다. 시간은 관찰자의 위치와 운동 속도에 따라 더 빠르거나 더 느리게 흐르게 된다. 그녀가 아주 느리게 움직이면서 영원히 순환하는 달의 운행을 보았다면, 그는 17층의 고도에서 빠르게 늙어가는 '달의 몰락'과 사랑이 저무는 무서운 속도에 대한 불안에 붙들려 있었다.

창문의 프레임이 바뀌면
달의 시간도 달라질 것이다.

그러니 마음속 달의 궤적에 대해 아무것도 확신할 수가 없다. 그녀는 가끔, 이제는 그가 그믐의 시간을 받아들이고 있는지, 어스름한 새벽에만 잠깐 나타났다 사라지는 그믐달의 푸른 칼날 같은 아름다움에 대해 알고 있는지 궁금했다. 지구에서 보이는 달의 어두운 부분은 달이 존재하지 않는 영역이 아니라, 태양의 빛을 받아 빛나는 부분의 반대편에 불과하다는 것을. 그가 보이지 않는 시간에 대해 괴로워하는 순간에도, 다만 그 시간은 빛을 받지 못한 영역일 뿐이라는 것을. 그가 어둠 속에 감추어진 미래를 어떤 희망의 관념도 없이 받아들일 수 있다면, 그들은 달라질까?

달의 시간이 영원히 순환하는 우주적인 것이라면, 인간의 시간에는 완전한 어둠을 향해 가는 하나의 생의 주기만이 있을 뿐이다. 그들 사랑의 엇갈리는 주기는, 생의 궁극적인 암전 앞에서의 작은 깜빡임에 불과할 것이다. 그들이 다른 달의 이미지를 꿈꾸었다는 것, 다른 달의 시간 속에 머물렀다는 것은, 오래전부터 상속되어온 인간의 비극이다.

그런데 그 사소한 비극이 그들 생의 통증에 대한 실감,
사랑의 살아 있는 전율을 만들었다.

당신 생일날 안부 전해요

저 먼 곳에/너무 멀어 환한 그곳에
당신과 내가 살고 있다고/행복하다고
당신 생일날/그 초침들로 만든 케이크와 촛불로/안부 전해요

―김혜순,「생일」

사람에게 생일이 있다는 것은 곤혹스러운 일이다. 그것은 자기 의도와 관계없이 어떤 순간에 이 세상 안으로 자신이 던져졌으며, 그 던져짐 때문에 스스로의 생을 감당해야 했다는 것을 의미하기 때문이다. 한 사람의 생일을 기억한다는 것은 그 사람이 뜻하지 않게 이 세상에 내던져진 것에 대한 일종의 위로이다. '나'처럼 그 사람도 이 세상에 우연히 목숨을 부여받은 것에 대한 연대감 혹은 연민. 자신의 생일에 대한 불편함의 밑바닥에는, 내가 '나의 출생'을 의도한 적도 예상한 적도 없다는 근원적인 우울이 묻어 있다.

어떤 사람들은 자신의 생일에 대한 더 날카로운 불편함을 갖고 있다. 그들은 자신의 생일을 누군가 기억하거나, 그것을 챙겨주거나, 축하의 말을 건네는 것에 대해 어색해하거나 도망가고 싶어 한다. 지금 여기 이 자리에 자기 생이 던져진 것이 자신에게는 곤혹스러운 일이기 때문이다. 자신의 생일은, 그 생일을 챙기는 데서 어떤 보람을 찾으려는 사람들을 위한 것이라는 생각을 할 때도 있다.

이를테면 그녀와 그도 자신의 생일에 대한 불편함을 가진 사람들에 속했다. 그런데 두 사람이 연인이 되었다는 것은, 자신들이 이번 생에서 만날 수 있었기에 가능한 일이었고, 그래서 연인들에게 생일의 공유는 다른 의미를 갖게 된다. 한 사람을 사랑하는 것은, 그 사람의 출생에 대해 그 사람보다 '내'가 더 깊은 의미를 부여하게 된다는 것이다. 아무 목적 없이 던져진 자기 생의 다른 이유를 발견하게 된다.

'당신'의 운명을 '나'의 운명으로 받아들인다는 것.
'나'의 운명을 스스로 '당신'의 운명에게 던지는 것.

그는 자신의 생일에 부주의한 사람이었다. 주민등록상의 생일은 잘못 등기된 것이었으므로, 그는 자신의 실제 생일을 잘 기억하지 못했다. 그녀는 그의 생일을 찾아주었다. 그의 생일을 찾아준 것은 그녀에게는 조금 의미심장한 것이었다. 그녀는 가끔, 그녀 몸 안의 그가 너무 늦게 태어나서 결핍이 많은 소년 같다고 느꼈다. 그의 과도한 자의식과 허영과 가식마저도 그 결핍의 일부라는 것을 그녀는 알았다. 이제 그의 생일은 그녀가 만들어준 또 하나의 탄생의 상징이었으며, 비밀스러운 그들만의 기념일이었다. 그녀가 그에게 브라운 색 밴드의 시계를 선물했을 때, 초침의 움직임과 함께 그에게 다른 생의 시간이 시작되었다.

조용한 출혈 같았던 이별의 시간, 그들이 함께할 수 없었던 그의 생일, 그녀는 그들이 함께 나눈 몇 번의 생일과 그날들의 어긋남과 예기치 않은 상처들을 떠올렸다. 그가 어떻게 오늘을 보내고 있을지에 대한 궁금함보다, 생일을 둘러싼 사소한 고통의 기억들과 결별하고 싶어졌다.

아주 우연히 그날, 그의 생일날, 사람들을 충격에 휩싸이게 한 한 사람의 자발적인 죽음이 있었다. 그녀는 뉴스 화면을 보다가 어떤 설명할 수 없는 기시감에 빠져들었다. 한 시대의 상징이었던 그 인물의 죽음은 너무 충격적이고 갑작스러운 것이었으므로, 많은 사람들은 숨죽이고 흐느꼈다. 참을 수 없이 흰 날이었고, 그 죽음은 지나치게 극적이었기 때문에, 지워지지 않을 하나의 강렬한 상징이 되었다. 때로 한 사람의 죽음은 그 자체로 강력한 메시지일 때도 있다. 그 죽음은 마치 다른 고통들을 호명하는 것 같았다.

연둣빛의 나뭇잎들이 한꺼번에 뒤척이는 거리에는 흰 꽃을 들고 울음을 참아내는 얼굴들이 흘러넘쳤고, 그녀는 이 기이한 광경에 대해 잠시 생각했다. 아마도 그는 이 이상한 우연 때문에 자신의 생일에 어두운 운명의 의미를 덧붙일 것이고, 그것을 그녀는 감당해줄 수 없었다. 그럼에도 불구하고, 그녀는 자신이 찾아준 그의 생일이 너무 큰 죽음과 겹쳐진 것에 대해 약간 당혹스러웠다. 많은 사람들이 기억할 수밖에 없는 하나의 강렬한 죽음 때문에, 그의 생일을 좀더 오래 기억할 수밖에 없게 되었으니까.

사랑하는 사람과 같은 연대기에 태어난 것에 대해 감사할 수는 있지만, 그 사람의 죽음까지 감당할 수 있는 사람은 없다. 한 생명의 탄생은 한 생명의 괴로움과 죽음에 대한 아주 이른 예고 같은 것이다. 결코 두 사람의 것이 될 수 없는 저 멀고 아득한 시간들 속에서, '우리'는 탄생과 죽음을 결코 공유할 수 없다.

다만 '너무 멀어 환한 그곳의 우리', '우리'가 잠시 함께하고 싶었던 '어떤 생'의 안부를 '당신'에게 마음으로 전할 뿐이다.

한 사람을 사랑하는 것은,
그 사람의 출생에 대해
그 사람보다 '내'가 더
깊은 의미를 부여하게 된다는 것이다.

우연의 유희 속에서 그들은

이미 오래전부터
'우연'이 그들과 유희를 벌였다는 사실을 알면
그들은 분명 깜짝 놀랄 것이다.

─ 비스와바 쉼보르스카, 「첫눈에 반한 사랑」

사람들은 가끔 자기 생이 의미 있는 인과관계로 만들어져 있다고 믿는다. 삶에서 어떤 필연성의 지점을 찾아내는 것은 매력적인 일이지만, 시간 자체는 의미 없는 우연의 연속일 뿐이다. 생이 무의미하고 지리멸렬한 우연들의 연속이라는 것을 받아들이는 것은 쉬운 일은 아니다. 물론 때로 아주 이상한 우연들이 있어 우리를 흔들어놓기도 한다. 그 빛나는 우연들이 운명적인 만남을 만들어 삶을 도약하게 할 것이라는 터무니없는 기대를 할 때도 있다.

우연한 음악, 우연한 문장들, 타인의 우연한 말, 우연한 이미지, 우연한 시간의 그림자…… 우연한 위로는 최소한의 위로를 준다. 하지만 우연은 우연으로 남아 있을 때만 신비하다. 가을 저녁의 자줏빛 구름이 만드는 형언할 수 없는 형상이나 단념한 듯 낙하하는 여린 꽃잎의 각도가 그런 것처럼. 그 우연한 형상에 이유와 의미를 부여하는 순간, 우연의 신비는 사라진다. 그리고 우연 안에 들어 있는 미세한 필연의 영역을 우리는 영원히 읽어낼 수 없다.

그 겨울, 그와의 극적인 만남이 있었던 그 모임에 가지 않았다면, 우연한 순간에 그의 손을 잡고 건널목을 건너는 사건은 일어나지 않았을

지도 몰랐다. 그것이 일어나지 않았다면, 그 이후의 헤아릴 수조차 없는 열정과 환멸의 주기를 반복하지 않아도 되었을 것이다. 하지만 이 논리는 완벽하지 않다. 어쩌면 그들에게는 그날 이전에도 수없이 만날 기회가 주어졌을지도 모르고, 그날 이후에도 다른 기회가 있었을 수도 있다. 마치 그들이 수많은 헤어질 기회를 놓쳤던 것처럼, 그들은 수많은 만남의 기회를 가졌을 수도 있다. 그러나 그들은 그 기회를 알아보지 못했다.

우연을 필연이라고 믿는 사랑의 마법이

미망이라는 것을 깨닫게 된 이후에도 사랑이 남아 있다면,

운명이라는 관념에 기대지 않은 고요한 열정을 갖게 될 것이다.

자신의 우연한 시선에 대해 그녀가 전율했던 것은 그 우연에 드리워진 운명의 낮은 그림자 때문이었다. 그러나 운명의 그림자를 보게 되는 것은 언제나 돌이킬 수 없는 시간 이후의 일이다. 그녀가 우연히 그를 다시 보게 된 일은 두 번이나 일어났다. 이것은 물론 드문 확률에 속하고, 그렇기 때문에 여기에 어떤 운명적인 뉘앙스를 덧칠할 수도 있다. 하지만 세상의 모든 우연이 낭만적인 것은 아니다.

두 번의 우연 속에서 그는 전혀 다른 사람의 이미지를 하고 있었다. 그는 누구였던가? 캄캄한 고독 속에 스스로 갇혀 있는 사람이거나, 그렇지 않으면 언제나 곁에 누군가가 있어야만 삶을 지탱할 수 있는 또 한 사람. 그 우연들은 그에 대한 발견이기보다는 그에 대한 또 다른 무지를 불러왔다. 그날, 그녀는 한때 그녀가 살았던 곳을 우연히 버스를 타고 지나가고 있었다. 흐린 차창 밖으로 얼핏 낯익은 얼굴이 눈에 들어왔다. 그가 금방 집에서 나온 것 같은 허름한 복장으로 거리의 인파 한가운데 서 있었다. 그는 마치 어디로 가야 할지 고민하는 사람처럼, 복잡한 표정과 공허한 시선을 스스로 감당하지 못했다. 그는 자신으로부터도 버려진 채, 마치 세상의 모든 시선에 대해 빙심한 사람처럼 보였다. 늘어난 티셔츠를 입고 있는 그가 너무나 허술해 보였기 때문에, 그녀는 순간적으로 설명할 길 없는 연민을 다독거려야 했다.

우연이 다시 한 번 반복된 것은, 그날이 있은 후 겨우 몇 달이 지나지 않아서였다. 그 백화점의 지하 푸드 코트는 그녀가 가끔 한 끼를 해결하기 위해 들르는 곳이었다. 어수선한 곳에서 여자 혼자 밥을 먹는다는 것이 편안한 일은 아니지만, 사실 여자 혼자 식사를 하는 것이 우아해 보이는 장소는 없다. 백화점의 푸드 코드는 휴일 오후 무릎이 늘어난 회색 운동복을 입은 여자 혼자 식사를 하기에 상대적으로 적합한 장소일 수도 있었다. 급하게 비빔밥 한 그릇을 비우고 소화를 시킬 겸 위층으로 올라가는 엘리베이터를 탔을 때, 그 안에는 사람들로 가득했다. 간신히 사람들 사이 공간을 비집고 몸을 싣고 나서, 그녀는 그 엘리베이터 안에 그가 있다는 것을 조금 지난 후에야 깨달았다. 서로에게 말을 건넬 수도 가벼운 눈인사를 할 수도 없었던 것은, 그 안에 가득한 사람들 때문이기도 했지만, 깔끔한 재킷을 차려입고 있는 그의 옆에 단정한 투피스를 갖추어 입은 젊은 여자가 있었기 때문이다. 그와 제대로 시선이 마주친 적이 없기 때문에 그도 그녀를 보았는지 알 수는 없었다. 엘리베이터가 올라가고, 그녀가 먼저 불시착한 비행기에서 탈출하듯 2층에 내리기까지의 그 짧은 순간 동안, 그녀에게 들이닥친 당혹과 혼란은 초현실적인 것이었다.

그녀는 운명 따위의 관념에 의지하는 사람은 아니었다. 그러나 가끔은 자기 삶에 서사적 논리를 부여할 수 있는지를 생각했다. 삶의 우연들이 어떤 필연으로 연결되어 있고 어떤 목적성을 갖고 있다고 단정할 수는 없지만, 아무런 서사적 논리도 없다면 삶은 얼마나 무미건조한가? 그러면 그에 대한 그녀의 두 번의 우연한 시선은 어떤 이야기로 완성될 수 있을까? 그녀는 생애 또 다른 빛나는 우연이 남아 있다는 낭만적 믿음은 접어야겠다고 생각했다. 누구도 우연을 이해할 수는 없으며, 함부로 우연을 기대해서도 안 될 것이다. 어떤 희박한 확률에도 불구하고 반드시 만나게 될 사람, 반드시 만나야 할 사람이 있다는 것은 낭만적 허위일지도 모른다. 다만 그녀는 다시 한 번 찾아올지도 모르는 이상한 우연들에 대해, 그리고 일상 속에서 그녀가 다 깨닫지 못하는 그 사소한 우연들에 대해, 겸손해질 수 있을 것 같았다.

> 사람들은 순수한 우연의 권능을 깨닫지 못하고,
> 그 누구도 자기 생의 처음과 끝을 알지 못한다.

당신 얼굴 속의 당신 얼굴을

나는 당신 속의 당신을 돌려보내지도,
피하지도 못합니다

— 김혜순, 「얼굴」

그녀가 그의 얼굴에 대해 가진 최초의 느낌은 비밀스러움이었다. 그의 얼굴은 사소한 비밀들을 감추고 있었다. 숨겨진 쌍꺼풀보다 부드러운 턱의 곡선이 더 많은 것을 감추고 있었고, 옅은 눈썹보다 망설임을 대신하는 여성적인 입술이 더 많은 것을 감추고 있었다. 그의 비밀들은 그것이 간직한 내밀한 이야기들로 인해 그의 얼굴을 풍부하게 만들었다. 그의 허영과 그의 불우와 그의 여자와 그의 폐허와 그의 위악과 보이지 않는 그의 기다림들. 그 얼굴은 읽을 수 없는 영역들을 언제나 남겨두고 있었기 때문에, 그녀는 그 닿을 수 없는 비밀들로부터 또 다른 미지의 얼굴들을 만났다. 그 안의 또 다른 얼굴들은 하나의 이야기로 요약될 수 없었다.

얼굴은 그것이 머금고 있는 사소한 비밀들로 인해 '당신의 얼굴'이 된다.
사랑하는 사람의 얼굴을 완전히 해석할 수 있는 사람은 없다.
다만 사랑하는 사람은 연인의 얼굴에 자신의 눈빛을 뒤섞는다.

그녀는 그와 함께 미술관에 간 적이 있었다. 그의 얼굴은 미술관과 잘 어울렸다. 그것은 그의 이미지 때문이 아니라, 그림을 관람하는 시선의 고요한 움직임이 그의 얼굴을 더욱 내밀하게 보이게 했기 때문이다.

그녀는 그림들 사이를 이동하는 그의 걸음의 보폭과, 그림의 내면을 탐색하는 그의 눈빛과, 그림을 배경으로 멈추어 있는 그의 뒷모습에 조용히 내려앉는 고독을 응시했다. 그리고 그가 어떤 그림 앞에서 조금 더 많이 멈추어 있는가를 흥미롭게 관찰했다. 그는 남미의 화가가 그린 한 노인의 초상화에 멈추어 서 있었다. 노인이 겪어온 삶의 신산함과 비참함 그리고 죽음을 앞둔 노쇠함과 자기 내부의 공허마저 삼켜버린 숨 막히는 눈빛에 그는 붙들려버린 듯했다. 그는 그림 속의 노인의 시선에 의해 자기 내부의 깊은 불안과 가망 없는 희망들을 들켜버린 것이다. 살아 있지 않은 노인의 눈빛에 의해 그는 유령이 되어가는 중이었다.

   그녀 앞에서 그는 보이지 않는 미래에 대해 괴로워했고, 그것은 그들의 사랑의 의미를 점점 단순하게 만들었다. 그리고 그의 불안이 가중되면 될수록, 그녀는 그의 얼굴에서 빛나는 비밀들이 하나씩 사라져가는 것을 알았다. 그가 자기의 생의 희망과 절망을 하나로 몰아가는 순간, 그의 얼굴은 창백하게 평면화되었다. 어느 저녁, 술 취한 그의 몽롱한 눈빛과 얼굴에서, 그녀는 자신의 것이 아닌 욕망들로 괴로워하며 조금씩 늙어가는 하나의 살가죽을 발견했다. 모든 매혹이 한꺼번에 사라진 것은 아니지만, 적어도 그는 자신의 비밀들을 포기함으로써 얼굴의 풍부함을 지워버렸다. 그녀는 그의 얼굴 속 미지의 또 다른 얼굴들을 떠나 보냈다.

미래에 대한 불안으로 납작해지는 그의 얼굴 때문에
그녀는 그를 떠나보낼 수도 다가갈 수도 없었다.

그녀는 결코 미래를 그에게 선물할 수 없었지만, 그의 욕망과 고통 사이에 자신의 몸 일부가 연결되어 있다는 것을 알았다. 그녀의 삶은 언제나 빛과 어둠의 경계에 위치해서 움직일 수 없었다. 두 세계 사이의 길항 때문에, 선택할 수 없는 또 하나의 삶이 언제나 원죄처럼 남아 있었다. 그 삶들을 다 살아낼 수 없기 때문에, 어떤 사소한 선택에도 다른 슬픔 하나가 남겨졌다. 그녀는 이국의 미술관에 갈 기회가 있었다. 곁에 그가 없었기 때문에, 그녀는 그림 자체에만 집중했다. 그녀는 이런 적요한 시간들 속에서 자신의 미래에 대해 보다 겸손해져야만 했다. 그녀는 행복하지 않았지만, 오후의 평온이 나쁘지 않았다. 그녀의 시선이 멈춘 중세 화가의 그림은 소녀의 초상이었다. 투명한 이마와 4월의 뺨을 가진 소녀의 영롱한 눈동자 속에는 놀랍게도 너무 많이 살아버린 노인의 눈빛이 숨어 있었다. 그것은 소녀가 어린 나이에 삶에 드리워진 모욕과 고통에 대한 강력한 예감에 사로잡혀 있음을 의미했다. 물론 소녀의 얼굴에는 화가의 가차 없는 시선이 뒤섞여 있을 것이다. 그가 그랬던 것처럼 그녀 역시 그림 앞에서 한동안 붙들려 있었다. 그 순간, 그의 얼굴은 생각나지 않았지만, 그 얼굴의 풍부함을 빼앗아간 어떤 악마적인 시간의 그림자를 그녀 역시 경험했다. 그것은 그에 대한 그리움에 속하지 않았다. 그녀는 그의 고통을 조금 나누어 가졌으나, 그렇다고 해도 그것이 그에게 다가갈 필연적인 이유가 되지는 못했다.

사람이 자기 안의 시간에 맞서 무엇을 할 수 있을까? 다만 더 진인해지지 않기 위해 조금씩 단념하는 것뿐. 언젠가 그의 얼굴을 되찾을 수 있다면, 그녀는 그의 무표정한 얼굴 하나만을 자신의 오래된 비밀로 가질 것이다.

그녀는
그의 얼굴 속 미지의 또 다른 얼굴들을 떠나보냈다.

너는, 너는 잘도 잔다

밤의 속눈썹에

이름없는 꽃들이 매달려도

너는 잘 잔다

너는, 너는 잘도 잔다

──이성복, 「너는 잘 잔다── 아, 입이 없는 것들 54」

불면증에 시달리는 남자와 하루 10시간 이상 잠을 자야 하는 여자는 어떻게 사랑할 수 있을까? 혹은 밤 10시만 되면 잠들어야 하는 남자와 여명이 밝아오는 시간이 되어서야 잠들 수 있는 여자는 어떻게 사랑할 수 있을까? 그들이 함께 자는 것을 포기하거나, 상대의 불면과 잠에 대해 너그러워지거나 무감해져야 할 것이다. 서로의 신체적인 시간들이 다른 시간대에 머물러 있다는 것을 받아들일 수 있어야 한다. 그런데 이 잠의 문제는 다만 잠의 문제일까? 어쩌면 두 사람이 '다른 밤'을 살고 있는 문제, 다른 밤의 시간 속에서, 늘 잠들어 있는 얼굴이나 꿈속에서 서성거리는 흐릿하게 지워진 얼굴만을 보아야 하는 문제가 아닐까?

이를테면 여자가 잠든 사이에 남자가 혼자 옷을 챙겨 입고 여자를 떠나는 진부한 장면이 반복되는 이유가 있을 것이다. 이때 여자가 잠들어 있다는 것은, 선명한 의식의 세계 속에 있지 않다는 것, 그 상황을 의식하는 자리를 피해 있다는 것을 의미한다. 남자는 상황을 의식하고 행동하고, 여자는 그 상황으로부터 무의식의 세계로 도망간다. 그런데 과연 여자는 잠들었을까? 이 상투적인 장면에서 여자는 '잠든 척'하는 경우가 많다. '잠든 척'이란 '내'가 이 상황을 의식하지 못하고 있다고 상대방이 믿게 만드는 일종의 배려일 수도 있고, 의식하고 있지만 의식하고 싶지 않은 '자기기만'일 수도 있다. 만약 잠든 척하는 여자가 몰래 눈물을 한 방울 떨어뜨리는 감상적인 장면이 연출된다면, 그 자기연민의 눈물은 자신의 의식을 속인 대가일 것이다.

그녀는 충분히 잠을 자야만 자신의 몸이 일상적인 생활을 견딘다는 것을 알았다. 그래서 숙면은 삶을 유지하기 위한 최소한의 투쟁 같은 것이었다. 어떤 극단적인 괴로움이 찾아오면 그녀는 술을 마시거나 과도한 쇼핑을 하는 것보다는 차라리 잠을 자는 것이 좋다는 것을 알았다. 받아들이기 힘든 무력한 이별의 시간이 들이닥쳤을 때, 그녀는 다시는 일어나지 못할 것 같은 오랜 잠을 잤다. 잠깐 일어나 몽롱한 몇 시간을 보낸 뒤에 다시 잠들기를 며칠 동안 반복했다. 마치 검은 물속에 가라앉아 다시는 수면으로 올라갈 수 없을 것 같은 잠이었다. 절망 앞에서 생각을 중지할 수 있는 시간이 주어진 것만큼 다행스러운 일은 없을 것이다. 그녀는 눈앞의 날카로운 고통으로부터 잠과 꿈속으로 은신할 수 있었을까? 일시적인 망각을 선물하는 긴 잠에서 깨어난 뒤 똑같이 잔인한 기억을 되찾게 된다면?

꿈속에서 오래전 꿈을 다시 꾸었을 때.

꿈은 무방비인 채로 자라나지 않았다.

그 잠 속에서 그녀는 또 잠을 자고 있었다. 그녀 곁에는 그가 그녀의 머리카락을 어루만지다가 잠들어 있었다. 꿈속에서 그녀는, 날짐승의 검은 갈기 같은 긴 머리카락을 가지고 있었고, 그 머리카락은 무방비로 잠든 그의 얼굴을 뒤덮었다. 잠 속에서 잠을 깼을 때, 그의 얼굴은 그녀의 머리카락에 칭칭 감긴 채 창백하게 죽어 있었다. 그의 얼굴이 죽었는지 그가 죽었는지는 알 수 없었다.

이 끔찍한 이미지를 뒤로하고, 다음 장면에서 그는 호숫가의 나무를 향해 걸어가고 있었다. 그 나무 옆에는 그녀처럼 보이는 또 하나의 여자의 뒷모습이 긴 머리카락을 늘어뜨리고 서 있었다. 순간적으로 여자의 머리카락 끝에서 작은 섬광이 시작되어 불타오르기 시작했고 그 불은 순식간에 여자 옆의 늘어진 나뭇가지로 옮겨붙었다. 호수에 비친 불타는 여자의 머리카락과 나뭇가지는 형언할 수 없을 만큼 끔찍하고 황홀했다. 그가 계속 그곳을 향해 걸어가고 있었으므로 그녀는 그곳으로 가지 말라고 그에게 소리쳤다. 그녀의 목소리는 그에게 닿지 않았고, 그녀 귀에조차 들리지 않았다.

이 기이한 꿈의 주인이 누구인지 가늠할 수 없어서
그녀는 한동안 먹먹했다.

그가 여전히 불면에 시달리는지. 밤이 되어도 더욱 생생해지는 생각들이 그의 영혼을 갉아먹는지. 마치 허공 위의 잠자리에 누운 사람처럼 끊임없이 뒤척이는지. 그래서 아직도 커피를 마시는 걸 두려워하는지. 그들이 한때 쌍둥이처럼 잠들 수 있었던 어느 오후의 마약 같은 잠의 질감을 기억하는지. 어떤 새는 잠들지 못하고 몽유처럼 새벽 거리를 혼자 쏘다니는지. 가끔은 잠들기 위해서는 영혼도 팔겠다고 생각하는지. 그 잠에서 그녀는 불타는 긴 머리카락을 하고 나타나는지. 그런 것들을 물어볼 기회가 다시 오지 않아도 괜찮았다. 그녀는 다만 자기만의 잠을 지켜야만 했다.

어떤 암전도 없는 삶은 끔찍하다.
계속 불이 켜져 있는 생을 견딜 수 있을까?
잠 없는 삶이 불가능한 것은 그런 이유이다.

그런데 사랑하는 사람과 함께 잠들고 눈뜨고 싶다는 소망만큼 무모한 것은 없다. '내'가 잠의 주인일 수 없는 것처럼, '당신'도 당신 꿈의 주인이 아닐 테니까. 함께할 수도 나누어 줄 수도 없는 잠의 시간이야말로 '당신'과 '내'가 제각기 감당해야 할 비린 생의 몫이다.

다리는 사랑을 배운다

다리는 이러한 정지의 증인이다.
젊음과 늙음이 엇갈리는 순간
그러한 속력과 속력의 정돈(停頓) 속에서
다리는 사랑을 배운다.

— 김수영, 「현대식 교량」

세상의 모든 다리 아래로는 물이 흐르거나 자동차나 기차가 지나간다. 다리는 시간의 속력 위에 건설된다. 다리는 그 속도의 위험을 건너기 위해 준비되어 있다. 다리 아래에는 무서운 속도로 지나가는 것들이 있는데, 다리 위의 시간은 정지된 것 같다. 다리는 그 난폭한 시간의 운행을 구경할 수 있는 유일한 장소이다. 마치 시간의 바깥에 서 있는 전망대처럼. 거기서 사람들은 때로 공포를 느끼거나, 저 압도적인 속도에 동승하지 못하는 불안과 무기력을 느낄 수도 있다. 가끔은 이미 쏜살처럼 지나간 것들의 잔영에 붙들려 있는 자신을 만날 수 있을지도 모른다.

　그녀의 다리에 대한 기억은 낭만적인 것은 아니었다. 언제나 쉽게 건널 수 있었던 다리가 갑자기 건널 수 없는 다리가 되었을 때의 당혹감이 기억의 첫머리에 있었다. 어린 시절 동네의 작은 개천을 건너갈 때, 그곳에는 낡고 허술한 다리가 놓여 있었다. 그 다리는 마치 나무와 돌이 그곳에 있는 것처럼 자연스러운 것이었다. 어느 해 여름, 큰 홍수에 그 다리를 휩쓸어버릴 것처럼 물이 차올랐다. 그것은 공포라기보다는 경이로움에 가까웠다. 다리는 영원히 거기에 있는 안전한 어떤 것이 아니었다. 그 홍수를 경험한 뒤에 그녀는 다리를 경이롭게 바라보기 시작했다. 다리는 건널 수 없게 되거나 사라질 수도 있다는 이유로, 비로소 경이로움의 대상이 되었다. 다리는 시간에 대해 초월적인 위치에 있는 것은 아니었다. 다리 역시 사라질 수 있는 시간의 일부였으니까.

연인들의 이야기가 다리 위에서 전개되는 낭만적 사례들이 있다. 운명적인 만남이나 이별이 다리 위에서 이루어진다는 것은, 그곳이 사랑을 둘러싼 은유적인 공간이라는 것을 말해준다. 다리는 두 세계의 극적인 만남을 실현시키기도 하고, 동시에 한 세계로부터 다른 세계로의 떠남의 계기가 된다. 도스토옙스키의 『백야』에서 몽상가 청년이 옛사랑의 그리움에 눈물짓고 있는 아름다운 나스첸카를 만나는 곳은, 백야의 페테르부르크의 다리에서이다. 청년은 나스첸카를 사랑하지만, 그녀의 요구대로 진정한 친구가 되어 그녀의 옛사랑에게 편지를 전달해주고, 마침내 나스첸카는 옛사랑을 다리에서 만난다. 다리는 시간을 거슬러 옛사랑을 그리워하고 마침내 그 사랑을 호출하는 공간이다. 그렇다면, 그것을 가능하게 해준 몽상가 청년은 누구인가? 그 다리의 진정한 주인은 마침내 다시 사랑을 얻은 연인들이 아니라, 그것을 지켜본 사랑의 패자, 외로운 몽상가가 아닌가?

그녀의 집 근처에서 그가 술에 취한 밤이 있었다. 그가 택시를 타기 위해서는 육교를 건너가야 했다. 육교의 중간쯤에서 엎드려 구토를 하기 시작했기 때문에, 그녀는 등 뒤에서 그의 등을 두드려주어야 했다. 하늘은 푸르스름한 잿빛을 띠고 있었고, 흐릿한 별들이 창백한 빛을 점처럼 찍어내고 있었다. 그의 굽은 등짝 위로 그녀는 얼핏 밤하늘의 어둠 속에 숨겨진 시간의 뼈마디를 본 듯했다. 육교 아래로 차들이 너무 빨리 달렸기 때문에, 그럴 때마다 육교는 조금씩 진동했다. 그녀는 이 불안정한 공간에서의 장면이 마치 처음이 아닌 것 같은 착각에 사로잡혔다. 잠깐 하늘을 보고 있는 사이, 그가 혼자 가겠다고 일어났다. 그 자리에서 엉거주춤한 자세로 그녀를 한 번 껴안은 뒤, 그가 갑자기 육교 저편으로 흔들리며 걸어가기 시작했다. 그녀는 불안감 때문에 그의 뒤를 몇 발자국 따라갔다. 그가 육교의 중간쯤에서 순간적으로 보이지 않았다. 가로등 바로 밑의 작은 그늘 속에 그가 들어가 있다는 것을 발견한 것은 조금 지나서였다. 그 순간, 그의 몸은 다리의 오래된 어둠과 연결되어 있었다. 그녀는 더 이상 그를 따라갈 수 없다고 생각했다. 그는 그 다리의 또 다른 주인이었다.

'우리들'의 사랑이 다리 위에 있다는 것은, 그것이 시간의 악마적인 속도 위에 떠 있다는 것을 의미한다. 그곳에서 사랑은 정지한 시간 속에 있는 것처럼 보이지만, 다리는 다만 시간에 대한 착란의 자리이다. 다리 혹은 사랑의 불가능성은 그곳에서 머물 수 없다는 데에 기인한다. 다리는 건너는 곳, 지나가는 곳이며, 영원한 정지는 없다. 그녀는 가끔 그가 잠시 멈추었던 그 다리를 건너갔다. 다리에서 잠깐 동안 서성거릴 수는 있지만, 다리에서 머물 수는 없었다. 그래서 아직 그곳에 서 있는 다리는 사랑에 대한 긴 애도의 이름이 된다.

최선을 다해 서성거릴 수 있는 시간이 '나'의 몫이라면, '당신'은 이미 다리를 건너갔거나, 혹은 다리 그 자체이다.

다리는 건널 수 없게 되거나 사라질 수도 있다는 이유로,
비로소 경이로움의 대상이 되었다.

고독이라는 거울

아직도 여기는 너라는 이름의 거울 속인가 보다
발걸음이 떼어지지 않는다
고독이란 것이 알고 보니 거울이구나

― 김혜순, 「한잔의 붉은 거울」

사람마다 다른 얼굴을 갖고 있는 것처럼, 고독의 내용도 조금씩 다를 것이다. 어떤 사람에게는 혼자 지내는 것이 고독의 의미라면, 다른 사람에게는 사람들 사이에서 자신만의 공간을 갖지 못하는 것이 고독의 이유이다. 그녀는 돌아가기 얼마 전의 어머니의 고독을 생각했다. 늦은 나이에 그녀를 낳았던 어머니는 60대에 일찍 남편을 떠나보냈다. 그녀의 어머니는 담백하게 노년의 삶을 긍정했다. 케이블 방송의 흘러간 멜로드라마를 보기 위해 혼자 보기에는 크다고 할 수 있는 최신형 텔레비전을 장만했고, 문화센터에서 서예를 배워 우아한 취미 생활을 영위했으며, 적당한 수준의 우정을 유지하는 두 명의 친구들과의 단풍놀이를 빼놓지 않았고, 가을이면 자신만이 감상하는 노란색과 보라색의 국화 화분을 공들여 키웠고, 누군가 자신만의 일상적 삶에 틈입하는 것을 좋아하지 않았다. 어머니의 삶의 절단면은 너무 깨끗해서 그림자가 없는 삶처럼 보였다.

그녀보다 자기 삶을 사랑하는 듯 보였던 그녀의 어머니에게 이상 징후가 보인 것은 11월의 어느 새벽이었다. 그녀에게 전화를 건 어머니의 중얼거림은 귀를 의심하게 했다.

"얘야, 이 집에 모르는 사람들이 살고 있어.
2층에서 소리가 들리는구나."

그녀의 어머니는 도시 변두리의 단층 주택에 살고 있었고, 술에 취하거나 치매 증상을 보인 적이 없기 때문에, 이 말은 그녀를 소름 돋게 했다. 어머니에게 정체불명의 사람들이 사는 2층이란 어떤 의미였을까? 어머니는 그 후 6개월도 채 되지 않아 죽음을 피할 수 없는 질병을 판정받았다.

그 또한 고독한 사람이었던가? 그는 침울한 사람은 아니었고, 혼자 있는 것에 예민한 사람인지는 확실하지 않았다. 그가 어쩌면 고독한 사람일 수도 있다는 생각을 한 것은, 그의 사소한 거짓말들 때문이었다. 그는 그녀에게 완전한 연인이 되고 싶어 했고, 그래서 필요 이상으로 그녀에게 꼭 들어맞는 완벽한 사람처럼 보이려 했다. 그는 검은색 옷을 좋아했으나 그녀를 위해 파란색 톤의 스웨터를 입었으며, 호박죽을 좋아하지 않았지만 일주일에 한 번은 함께 즐겁게 먹었다. 화를 내야 하는 순간에도 이해심 많은 사람으로 보이기 위해 안간힘을 썼으며, 자신에게 닥친 비루한 어려움들을 내색하지 않고 그녀의 상황과 감정 상태에 맞추려고 노력했다. 감추지 않아도 되는 사소한 일들을 감추다가 오히려 더 큰 오해를 불러일으키는 일이 반복되었다. 그의 이런 '연기'들을 눈치챘을 때, 그녀는 그의 사랑의 방식이 얼마나 피로한 것인가를 생각했다. 자신의 연인에게 완벽한 사람이 되기 위해 끊임없이 자신을 위장해야 하는 사람, 위선과 자기기만을 통해서만 사랑을 연기할 수 있는 사람.

한 사람의 위선과 혹은 위악 중에
어떤 것이 더 고독한 것인지는 알 수 없다.
만약 그와 정반대로 전혀 어떤 '연기'도 없이
즉각적으로 자신의 감정을 드러내는 사람이 있다면,
그 사람은 고독하지 않을까?

사랑하고 있는 누구에게나 연기는 불가피할 것이고, 자기 자신의 배반을 통해 사랑할 수밖에 없다. 정직한 사랑이란 정직한 거짓말이라는 말만큼 힘든 말이다. 고독은 이 자기 배반에서 시작된다. 자신에게 상처받은 사람에게는 자기 그림자가 길어지는 시간조차 사소한 괴로움일 테니.

그가 만약 언제나 솔직하게 자신의 감정과 욕구를 말하는 사람이었다면, 그는 아마도 '솔직함'을 연기했을 것이다. 그 배역 때문에 스쳐 지나는 의미 없는 감정을 굳이 드러내는 일도 있었을 것이다. 그런 의미에서 그는 솔직할 수 없을 것이다. 완벽한 이해심을 가진 남자가 불가능한 배역인 것처럼, 언제나 솔직한 남자라는 배역 역시 불가능하다. 그녀를 사랑하지 않는 척하거나, 그녀에게 완벽한 연인인 척하는 것은 불가능하기 때문에, 사랑하는 사람에게 단 하나의 완전한 인물이 되는 일은 이루어지기 힘들다

고독이란 불가능한 배역을 연기해야 하는 배우의 괴로움이다. 모든 관계를 담백하게 정리한다 해도 어떤 연기는 불가피할 것이며, 고독은 깨지지 않는 거울처럼 자신을 들여다보고 있다. 그 거울은 위장을 통해서만 사랑할 수 있는 '나'의 모습을, 과장된 메이크업으로 덧칠된 얼굴을 보게 한다. '나'를 보는 '너'라는 이름의 고독. 그러나 무대화장을 지운다고 해서, 진정성의 얼굴이 드러나지는 않는다. 민얼굴도 일종의 메이크업이라면, 얼굴이 있는 한, 얼굴은 잿빛의 고독을 뒤집어써야 한다.

'당신'이 '나'의 진정한 얼굴을 보는 것이 불가능한 것처럼,

'나' 역시 '내' 얼굴을 보지 못한다.
사랑은 사랑의 얼굴을 보지 못한다.

울 수 있었던 날들의 따뜻함

사랑아, 가끔 날 위해 울 수 있었니
그러나 울 수 있었던 날들의 따뜻함

— 허수경, 「울고 있는 가수」

울음은 이기적이다. 아기의 울음처럼 울음은 절제를 모르는 자기 욕구의 드러냄이다. 울음은 타인에게 자신의 슬픔을 전시하는 방식이거나, 혹은 자기 자신에 대한 주체할 수 없는 연민의 표현이다. 울음은 자신의 서러움이 실체가 있다는 것을 증명하려 한다. 하지만 서러움은 몇 방울의 염화나트륨으로 증명될까? 서러움의 실체가 있을까? 어떤 경우든 타인을 위한 울음은 없다. 울음은 언제나 과장되어 있으며, 울음의 진정성이란 부풀린 자기 증명 같은 것이다. 사랑하는 사람이 울음을 참지 못할 때, 그 울음의 진정한 대상은 누구인가? 우는 '내' 앞에 있는 '당신'인가? 아니면 '나' 자신인가? 아니면, '내' 안의 은밀하고 익명적인 '누구'인가? 울음의 대상이 분명하지 않다면, 지금 울고 있는 사람은 누구인가?

어떤 서러움도 만나지 않는 사랑, 단 한 번의 울음조차 삼켜버리는 사랑이 가능하지는 않을 것이다. 사랑한다면 울음은 필연적이며, 한 사람의 울음은 다른 사람의 울음으로 전염된다. 눈앞에 닥친 삶의 위태로움 때문에, 지나간 시간에 대한 감당할 수 없는 회한 때문에, 혹은 함께 한 사소한 약속들에 대한 죄의식을 조금이라도 덜어내기 위해, 한 사람이 울었다면, 그 울음은 또 한 사람의 울음을 유도한다. 하지만 그들이 함께 울었다고 해서, 시간이 처음으로 되돌려지는 것은 아니다. 사랑의 애도는 일종의 제의(祭儀)일 뿐, 그것이 상황을 바꾸는 마법은 되지 못한다. 그렇다면 울음을 마음의 사치라고 해도 될 것이다.

위로받을 수 없는 날들이 구석진 곳에 처박힌 낡은 책처럼 웅크리고 있었다. 그녀는 자신의 울음들을 내보내지 않고 자기 내부의 묘지에 묻어두었다. 그 울음들은 잘 정리된 채, 깨끗하게 안치되어 있었다. 너무 어두워지면, 그녀는 자신 내부의 묘지로 내려가서 그 울음들의 안부를 물어보았다. 어떤 울음은 너무 가득 차서 금방 넘칠 것처럼 보였지만, 그녀는 다른 울음들에게 그렇게 했던 것처럼, 그 하나의 울음을 다독거려주었다. 그녀는 가끔, 내부의 묘지들이 한꺼번에 넘쳐나서 그녀의 몸이 액체로 변하지 않을까, 혹은 아주 오랜 뒤에 그 수분들이 모두 증발하고 나면 자신의 몸이 소금으로 된 무덤으로 가득 차지 않을까 생각했다.

그는 자주 우는 사람은 아니었지만, 그녀의 사소한 울음은 그의 울음으로, 그의 작은 울음은 그녀의 울음으로 전이되었다. 하나의 울음은 또 다른 울음의 거울이었다. 거울 속에서 그들은 상대방의 울음을 통해 자신의 울음을 보았다.

'나'는 '당신'을 통해 운다. '나'는 '당신'으로 운다.

　그의 모든 울음들을 기억할 수 없는 것처럼, 그녀 역시 자신의 모든 울음을 기억하지 못했다. 그녀의 몸은 자신이 한때 흐느끼며 진동했던 기억을 지니고 있을 것이다. 그 주체할 수 없는 어깨와 목덜미의 떨림의 순간, 뺨에 흐르던 액체의 정밀한 온도, 그녀의 눈물을 닦아주기 위해 그의 손가락이 얼굴에 닿은 순간의 짧은 망설임을 기억할 것이다. 울음의 진정한 주인이란 어쩌면 진동하는 몸일 것이므로. 그래서 울음을 삼키며 떨고 있는 입술은 가장 에로틱할 것이므로. 지금 사랑한다는 것은, 지금 진동하는 입술과 목덜미를 느끼는 것.

　오래된 사랑이란 울고 싶을 때 그 울음을 들어줄 사람을 찾는 일은 아닐 것이다. 결국 어떤 서러움에 대해서도 기척을 내지 않는 것, 그래서 그 울음을 자기연민으로부터 타인의 고통에 대한 감각으로 바꾸는 것. 그래서 그 울음 끝에 쌉쌀한 유머를 발견하는 것. 그렇게 서러움에 대해 유연하고 친절한 척, 무심해지는 것. 하지만 가끔은, '당신'의 울음 가득한 얼굴보다 '내'가 울 수 있었던 날들이 더 그리운 이유도 알게 된다.

잊혀진 상처의 늙은 자리

─

잊혀진 상처의 늙은 자리는 환하다
환하고 아프다

── 허수경, 「공터의 사랑」

그녀 몸에 또 하나의 작은 상처가 탄생했다. 늦은 밤에 세탁기를 돌리거나 옷을 정리하거나 다림질을 하는 것은 그녀의 오래된 습관 중의 하나였다. 주위가 조용한 가운데 혼자 웅웅거리는 드럼 세탁기 소리는 늙은 짐승의 숨소리처럼 느껴지기도 했다. 그 익숙한 소리를 배경으로 다림질을 할 때도 있었다. 다림질을 서두르거나 잠깐 다른 생각을 하는 동안, 스팀다리미의 테두리가 팔목을 스쳐서 화상을 입은 경우가 있었다. 느닷없이 찾아왔다가 조금씩 희미해져가는 흉터들은 몸에 새긴 부주의한 일기 같은 것이었다. 조심성 없이 칼을 다루다가 손을 베이거나, 자고 나면 언제 어디서 나타난 것인지도 모르는 멍 자국을 발견하게 되는 것도 흔한 일이었다. 작고 희미한 상처들은 그녀의 몸이 통과한 시간의 무늬였다. 흉터 찾기 놀이는 그 숨겨진 시간들을 탐구하는 유희였다. 사람의 기억이 기억하고 싶은 것만 기억하는 무책임한 것이라면, 피부의 기억이야말로 정확하고 무서운 것이다.

어떤 상처들은 그 기원을 알 수 없고,
어떤 상처들은 발견되지도 않고 스스로 희미해져가며,
어떤 상처들은 아주 오래 피부에 남아서
이번 생을 같이 마감할 것 같은 느낌을 자아낸다.

그는 비교적 부드럽고 하얀 피부를 가지고 있었지만, 양쪽 다리에 선명한 흉터를 보유하고 있었다. 세상의 모든 남자들이 그런 종류의 흉터가 있지는 않을 것이다. 한쪽 다리의 상처는 교통사고로 인한 수술 자국으로 길고 굵은 칼자국 같은 모양을 하고 있었고, 다른 한쪽의 상처는 화상의 흉터로 붉은 흙빛과 창백한 흰색이 얼룩덜룩 뒤섞인 모양을 하고 있었다. 서해의 어느 섬에서의 여름휴가 중에 아버지가 준비하던 알코올버너가 폭발해서 푸른 불꽃이 자신의 다리에 옮겨붙었다고 말한 적이 있다. 그 섬의 참을 수 없이 뜨거운 모래 위에서 다리에 붕대를 칭칭 감고 육지의 병원으로 가기 위해 소달구지 위에 누워 여객선을 기다리는 열여섯 살의 그를 상상하는 것은, 마치 몇백 년 전에 잊힌 아득한 불행의 장면을 불러내는 것과 같았다. 그의 한쪽 다리의 흉터가 낡고 녹슨 긴 칼날의 형상을 하고 있다면, 다른 한쪽의 흉터는 불에 타서 뭉개지고 일그러진 큰 짐승의 날개 같은 형상을 하고 있었다. 그 녹슨 칼날과 일그러진 날개가 서로를 마주 보고 있는 이미지는 가끔 그녀를 기이한 방식으로 고양시켰다. 두 다리의 흉터는 이상한 균형을 이루며, 그가 생을 감당하는 어떤 방식을 상기시켰다. 어쩌면 그 흉터는 그의 어두운 자기도취를 정당화할 것이다. 흉터 쪽의 여린 피부는 가을이 찾아오면 건조해지고 가려워진다고 했다.

　몸에 관한 사소한 은유가 가능하다면, 그녀의 피부에 머물렀다가 서서히 희미해지는 작은 상처들과 깊고 넓은 흔적으로 남아 사라지지 않는 그의 흉터들은 상처의 다른 차원에 속한다. 그녀의 상처들이 무수한 탄생과 소멸을 반복하는 사이에, 그의 상처들은 조금씩 자신의 모양을 바꾸면서도 끝내 그의 몸을 떠나지 않을 것이다. 그의 깊은 흉터에 비한다면 그녀의 사소한 상처들은 삶의 훈장이 되지 못하는 보잘것없는 것이지만, 그녀는 그 무수한 상처들의 생멸(生滅)을 아꼈다. 그녀가 기억하던 작은 상처가 사라졌을 때, 그녀는 기이한 상실감을 경험했기 때문에, 가끔은 자신이 그 상처들에 대한 무력한 소유욕에 붙들려 있는 것 같았다.

　그녀는 그들의 다리가 서로의 안쪽을 파고들던 순간들을 생각했다. 그의 다리 뒤쪽에 숨겨진 까칠하고 울퉁불퉁한 표피의 영역을 그녀의 다리는 세밀하게 기억할 수 있을 것이다. 그 기억이 그녀의 생을 어떻게 바꾸어놓았는지 알 수 없지만, 찬바람이 스며드는 계절이 돌아오면, 이유 없이 그녀의 다리 안쪽이 건조해지고 가려워졌다. 그녀는 더 이상 자신이 아무것에도 격렬해지지 않는 것을 알았다. 늦은 밤 내일의 일과를 위해 혼자 다림질을 하는 그런 무미한 시간이 계속 이어질 것 같은 예감만 남았다. 그 흉터의 안부를 묻는 일은, 이제는 혼자만의 콧노래 같은 것이어야 했다.

사랑에 관한 가장 결정적인 사건은
깊은 숨을 쉬거나 피부의 떨림을 경험하는 것,
혹은 갑자기 숨을 쉬지 못하는 순간이 오거나,
피부의 기억이 잔인해지거나 하는 것이다.
그리고 아무도 자신의 내부에서 무슨 일이 일어났는지를
정확히 알 수 없다.

작고 희미한 상처들은
그녀의 몸이 통과한 시간의 무늬였다.

잘 있지 말아요 그리운……

안녕/오늘 안으로/당신을 만나야 해요
편지 전해 줄 방법이 없소

잘 있지 말아요/그리운……

― 이성복, 「편지」

사랑의 최초 단계는 그 사람에게 무언가 말을 건네는 것이다. 사소한 인사든, 문자든, 메일이든 말은 건네는 데서 사랑의 발화가 시작된다. 이 최초의 발화 이후 설렘의 시간이 얼마나 지속되는지는 알 수 없다. 그러나 분명한 것은, 결국 사랑은 그 말 건넴으로 시작되고 그 말 건넴의 좌절로 끝난다는 것이다. 이를테면 '안녕하세요'나 '오랜만이에요' '얘기 좀 할 수 있을까요'로 시작해서 '그만 말하자' '그 말을 이해할 수 없어' '어떻게 그런 말을 할 수 있어'로 끝나는, 말을 둘러싼 진부한 사랑의 파국 말이다.

사랑의 말들은 언제나 이기적이고 무력하다.

사랑의 편지가 대화보다 유리한 것이 있다면, 그것은 즉흥적으로 발화되고 휘발되어버리는 언어가 아니라, 혼자만의 글쓰기를 통해 선택되어진 언어들의 기록이라는 점이다. 말의 휘발성과 글쓰기의 점착성 사이에서 사랑의 언어가 어디에 더 적합한가는 분명하지 않다. 대화가 표면적으로는 눈앞의 대상을 향한다면, 글쓰기가 향하는 것은 어떤 뚜렷한 대상이 아닐지도 모른다. 어떤 경우든 사랑을 언어화하는 데 따르는 근원적인 어려움을 피할 수는 없다. 사랑을 언어로 표현하는 것은 실존을 언어화하는 어려움만큼이나 근본적으로 어긋남을 감수하는 것이다.

어떤 언어로도 정확히 표현될 수 없는
그 '사랑'이라는 이상한 실감이 존재한다는 것을
도대체 어떻게 알 수 있을까?

한때 그녀는 그에게 편지 쓰는 일이 행복했다. 장난스러운 고백이든 사소한 일상적 기록이든 그런 글쓰기는 행복한 것이었다. 하지만 편지를 쓰는 것과 편지를 보내는 것은 다른 차원의 문제다. 그녀에게 행복한 것은 편지를 쓰는 것이지, 편지를 부치는 일은 아니었다. 진짜 어쩔 수 없이 편지를 써서 보내야 하는 상황이 되면, 그녀의 편지 쓰기는 전혀 매력적이지 않았다. 그녀의 편지 쓰기는 언제나 진행형이어야 했다. 그것은 그녀의 실존을 둘러싼 실시간의 중계 같은 것이어야 했다. 그러나 편지가 쓰이는 동안 시간은 흘러가고, 그만큼 그 편지는 낡고 어긋나는 것이 되어버린다. 그녀의 편지는 쓰이는 순간, 이미 과거의 흔적이 되었다.

우연히 발견되는 옛 편지들은 낡고 보잘것없는 마음의 추문처럼 느껴졌다. 또 다른 두려움은 잘못 부쳐진 편지에 대한 공포였다. 어린 날의 잘못 부친 편지 때문에 그녀는 가까운 친구를 잃었고, 그것은 편지의 수신에 대한 뿌리 깊은 공포를 만들었다. 지금 쓰는 편지를 수신자가 아닌 다른 사람이 읽을 수 있다는 두려움, 혹은 그 수신자는 영원히 믿을 만한 수신자인가에 대한 불안은 점점 딱딱해져갔다. 편지의 수신자가 그 편지를 오래 간직하고 있거나 다른 누군가가 보게 된다면, 그것은 끔찍한 일이 될 수 있다. 편지는 누군가를 향해 쓰는 것이지만, 역설적으로 수신자가 있다는 것이야말로 편지 쓰기의 가장 근원적인 두려움을 만들었다.

그렇다면 그녀의 편지 쓰기는 누구를 향한 것인가?

그녀는 그에게 가끔 '긴 편지를 썼는데, 지워버렸어요'라고 말하곤 했다. 그때마다 그는 이해할 수 없다는 안타까운 표정을 지었다. 왜 그런 헛된 수고를 하는지 그는 이해할 수 없었다. 그건 마치 그녀가 왜 긴 시간의 전화 통화에서 어떤 결론도 없고 뚜렷한 의미도 없는 사소한 일상의 정황들을 끝임없이 나열하는지. 혹은, '~이 좋아요' '~을 하고 있어요' '~이 보여요'와 같은 문형의 문자들을 맥락 없이 보내는 이유와,

그가 한 질문에 대한 대답보다는 다른 주변적인 단어들에 대해 더 집중하는지 알 수 없는 것과 비슷한 것이었다. 그러나 사랑의 담화는 그 사소하고 의미 없는 편지 쓰기와 말 건넴의 행위 자체일 것이다. 그건 일종의 끝나지 않는 음악 같은 언어이다.

그가 그 부재의 문법을 이해했다면,
그들은 같은 언어의 궤도 안에 조금 더 머물 수 있었을까?

그녀의 사랑의 편지는 그의 독해력을 시험하는 암호가 아니었다. 그녀의 편지에서 궁극적인 의미는 텅 비어 있기 때문에, 해독할 수 없었다. 사랑에 관한 한 '우리'는 모두 개인 방언으로 말한다. 이 기이한 문법과 말투를 누군가 문득 알아듣는다면, 두 사람은 같은 언어를 갖는 것일까? 사랑의 능력은 독해력이 아니라 청력에 있다. 그러나 이 사랑의 청력은 한시적이다. '당신'의 음역을 들을 수 있었던 한 시절의 '내' 맑은 귀의 나날들. 사랑의 어리석음은 언젠가 얼음 같은 침묵과 '대답 없음'의 순간이 온다는 것을 망각한다는 것이다.

사랑의 무덤이란 헤어 나올 수 없는 말의 무덤이라는 것을.

진부한 안부를 묻는 것 대신에, 차라리 '당신' 잘 있지 말라고, '나'도 잘 있지 않을 거라고, 그 삶과 언어의 어긋남에 대해 말해주는 것. 그러나 말을 전할 기회가 돌아오지 않는 것. 그래서 어느 순간 안타까운 침묵은 편안해지고, 붉은 귀는 조용히 닫힌다.

나
그대를
안았던가

팔 없이 안을 수 있는 것이 있어
너를 안았던가

── 허수경, 「불취불귀」

그 작은 영화관은 영화가 끝나고 엔딩 크레딧이 올라갈 때, 금방 불을 켜지 않았다. 금방 자리를 떠나는 사람들도 있었지만, 엔딩 크레딧이 완전히 끝날 때까지 객석에 앉아서 마지막 음악을 듣는 사람들도 있었다. 영화의 이야기는 이렇게 끝났다. 연기로서의 삶과 자신의 억눌린 욕망의 경계를 구별하기 힘들었던 여주인공은 남자에 대한 최초의 진심을 발설하는 순간, 죽음을 맞게 된다. 살아남은 남자에게는 지옥 같은 공허가 기다리고 있을 것이다. 함께 영화를 본 그와 그녀는 사라지는 여자의 비극보다는 남겨진 남자의 무의미한 삶이 더욱 참혹하다는 것을 알아차릴 수 있는 나이였다. 영화는 하나의 이야기를 완전히 봉인하지만, 영화 밖의 삶은 완결되지 않고, 빛나고 단단한 것들이 녹슬어가는 지루한 잡담 같은 시간을 견뎌야 한다. 엔딩 크레딧의 지루함이란 어쩌면 영화 뒤의 삶이 얼마나 지리멸렬할 것인가에 대한 예고 같은 것이다. 마침내 엔딩 크레딧이 거의 끝날 무렵 그들은 일어났고, 잠깐 서로의 눈이 마주쳤을 때, 그녀는 영화 속에서 살아남은 남자의 끔찍한 공허가, 바로 그의 몫인 것 같은 예감에 사로잡혔다. 그녀가 그의 어깨를 살며시 붙들고 짧은 포옹을 시도했고 조금 당황한 그가 그녀의 포옹에 호응했을 때, 잠깐 그들의 실루엣이 마지막 스크린 위에 명멸했다. 지상에서 가장 짧은 잠 같은 포옹이었으며, 그들이 연기한 가장 짧은 컷이었다. 곧 객석에 불이

들어와서 그들이 살아야 할 세계로 귀환했음을 알려주었다. 어떤 연인들은 이별의 의례를 치르는 마지막 약속을 극장에서 할지도 모른다.

　사랑하는 사람과의 결합을 꿈꾸는 방식은 여러 가지다. 언어적 소통이나 육체적 합일이나 제도적인 결합을 생각할 수도 있을 것이다. 그러면 가장 온건하고 평화롭게 보이는 결합으로서의 사소한 '포옹'은 어떤가? 포옹만으로 완성되는 사랑의 세계가 있다면? 이를테면 격렬한 사랑이 내일을 알지 못하는 불길한 축제 같은 것이리면, 포옹은 그 축제를 포기함으로써 얻어지는 위안 같은 선물이다. 연인과의 포옹은 한순간의 따뜻한 연대감을 만들어낼 수 있을 것이다. 사랑하는 이에게 하는 포옹이란 다만 친절한 것은 아니다. 그것은 사랑을 우애로 전환시키려는 것이며, 가질 수 없는 것에 대한 접촉이며, 사랑을 향한 비소유의 형식이다. '나'는 '당신'의 몸을 소유하는 대신에 '당신' 몸속의 내밀한 울림을 잠깐 경험한다.

　포옹을 통해 '당신'을 볼 수는 없다. 포옹은 '나'와 '너'가 신체적으로 밀착되는 순간이고 그 사이의 거리가 사라지는 일이다. 그 거리가 사라질 때, '너'를 볼 수 있는 '나'의 시야도 사라진다. 포옹의 세계에서 '나'

는 '너'에 대한 시선을 확보하기 어렵다. 포옹을 통해 한없이 가까이 다가가지만, '사이'는 남는다. '나'와 '너'의 몸은 그 '사이'에서 교차할 뿐이다. 사랑을 통과하는 몸의 감각도 이 한없이 다가가는 교호의 느낌에 있다. 그것이 교차하는 사이인 이상, 둘 사이의 포옹은 완성되지 않는다.

한없이 껴안으면 영원히 가닿지 못한다.

이별의 포옹이란, 일종의 거짓말과 배려의 기술이다. '당신'을 포기하는 척하는 것은, '당신'에 대한 배려일까? 아니면, '당신'을 다시 만나려는 전략일까? 사랑하는 사람을 사랑하지 않는 척할 수 있을까? 진심을 다해, 사랑하지 않는 척하는 것은, 가장 힘겨운 진심이다. 사랑에 관한 한 위장과 진심이 정확하게 구별되는 지점을 알 수는 없다. 위장을 피할 수는 없으며, 언제나 진심은 조금씩 지연된다.

포옹은 사랑을 조금 포기하는 기술이며, 그 대신 환멸 너머의 또 다른 긍정을 만들어낸다. 이별을 긍정하는 방식으로, 다시 사랑을 긍정하기 위해. 이제, '당신'을 안을 수 있을까? 그래서 '당신'과 '나'의 울음들을 용서하게 된다.

이별의 거울 속에서

이별의 거울 속에 우리는 서로를 바꾸었습니다
당신이 나를 떠나면 떠나는 것은 당신이 아니라 나입니다

— 이성복, 「이별 1」

그들 사랑의 역사에서 수없이 사소한 이별들이 반복되었다. 그 이별의 순간들마다 돌이킬 수 없을 것 같은 시간들이 검은 구멍처럼 그들을 집어삼켰으나, 실낱같은 재회의 예감은 언제나 그들에게 붙어 다녔고, 그 뿌리칠 수 없는 예감이 그들을 오히려 힘들게 만들었다. 다시는 볼 수 없을 거라는 절망감보다는, 이 사랑 때문에 조금 더 많은 괴로움이 남아 있을 거라는 어두운 예감이 더욱 무거웠다. 이별은 단 한 번의 칼 끝으로 우리의 숨을 거두어가지 않기 때문에 잔인하다. 그들의 하루하루는 이별의 흉내였으며, 최종적인 이별에 대한 기다림 같은 것이었다. 그들은 가장 눈부신 날에도 작은 이별을 연습했고, 아득한 황사처럼 숨 막히는 날에도 미래의 이별을 다시 기다렸다.

이별의 주인은 누구인가? 떠나는 사람과 남는 사람이 있다는 것은 로맨틱한 거짓말이다. 사랑의 무대에서 아득한 먼 곳으로 떠나는 여행자가 있고, 남겨진 채 그를 기다리는 사람이 있다는 것은 낭만적인 이분법이다. '당신'은 사라지는 사람이고, '나'는 남는 사람이라는 도식은 이별을 둘러싼 환상이다. 자신이 남겨졌다고 생각하는 사람이 '당신'의 부재에 대해 말할 것이다. 그건 '당신'의 부재를 말하기 위해 '내'가 잠시 떠안는 역할놀이다. '나'는 '당신'의 부재를 말하는 방식으로 기다림의 주인이 될 수 있다. 하지만 사랑에 대해 더 세밀한 고백을 해야 한다면, 아마도 '당신'의 부재가 아니라, '나'의 부재에 대해 말해야 한다.

한 사람이 떠날 때, 또 한 사람이 남는 것은 아니다. 한 사람이 떠나는 그 순간, 또 한 사람은 그 사람과 함께 떠나고 있으며, 한 사람이 남겨진 그 순간, 또 한 사람 역시 그 사람처럼 남겨져 있다. 아니라면, '당신'은 떠나는 방식으로 남는 것이다. 이별의 어지러운 순간, 그 산란하는 빛 속에서 주체와 대상은 구별되지 않으며, 두 사람이 떠니는 사람의 역할과 기나리는 사람의 역할을 잠시 나누어 가졌다 해도, 그 역할의 궁극적인 차이는 없다. 두 사람은 이별의 순간에도 이상한 방식으로 서로를 교차시킨다.

'나'는 '당신'을 떠난다.
'나'는 마치 '당신'인 것처럼 떠난다.
'나'는 '당신'으로서 떠난다.

그는 떠나는 사람이 아니었다. 그는 다만 자신에 대한 어떤 무거운 믿음을 내려놓으려는 사람이었다. 그가 이렇게 말한 적이 있다. '너를 포기하는 것이 너에게 주는 마지막 선물이야.' 그것이 왜 선물인가를 그녀는 인정하기 힘들었지만, 그것이 선물인 이상, 그는 마지막까지 무언가를 주었다고 할 수 있으며, 그 선물은 그동안의 그의 선물들과 조금 달랐다. 이전 선물들이 그의 갈망과 죄의식에 연루되어 있었다면, 그의 마지막 선물은 자신의 죄의식에 대한 해방을 의도했다. 그런 의미에서 그의 마지막 선물은 가장 이기적이고 필사적인 선물이다. 그러나 그 선물이 결국 죄의식에 대한 죄의식을 의미한다면?

그의 집에 헐렁한 티셔츠나 칫솔 같은 것을 두었던 시절이 있었다. 그것들이 거기에 있다는 것만으로도 그의 집은 그들이 나누어 가진 공간이었다. 짧은 이별들이 반복되면서, 그녀는 그 물건들을 거기 두어서는 안 된다고 생각했다. 이별과 재회를 반복할 때마다, 물건을 가지고 나오거나 다시 가져다 두는 일을 반복하는 것은 얼마나 우스꽝스러운가? 짧은 이별 뒤에 다시 한 번 그의 집에 갔을 때, 그녀가 쓰던 칫솔과 비슷한 보라색의 칫솔이 다시 놓여 있는 것을 알았다. 그것은 그의 집착이나 기다림을 설명하는 기호처럼 보이기도 했다. 하지만 그 칫솔이 비단 그녀를 위한 칫솔이 아닐 수도 있으며, 아마도 그 자신도 그 내부를 알지 못하는 '기다림' 자체를 상징한다는 것을 그녀는 직감했다. 그는 어쩌면 그녀가 아니라, 어떤 기다림을 기다리고 있다. 그리고 그것은 그가 자기 삶의 무의미를 견디는 하나의 자세일 뿐이다.

닳아빠진 칫솔 같은 시간 앞에서 단 하나의 극적인 이별은 '우리' 앞에 나타나지 않는다. 사랑은 단번에 죽음을 맞이하지 않을 것이다. 이별이 단 하나의 선명한 얼굴을 가졌다면, 사랑도 이렇게 남루하지 않았을 것이다. 하지만 이별은 언제나 허술하고 보잘것없었으며, 사랑이 그러하듯이 영원하지도 않았다.

사랑이 진부한 것은, 이별이 진부하기 때문이다.
그러나 그 허술하고 진부한 이별 가운데서,
'나'는 '당신'으로 살았다. 살고 있다.

한 사람이 떠나는 그 순간,
또 한 사람은 그 사람과 함께 떠나고 있으며,
한 사람이 남겨진 그 순간,
또 한 사람 역시
그 사람처럼 남겨져 있다.

에필로그

이제는 그대 흔적을 찾지 않고

이제는 그대 흔적을 찾지 않고
그대가 올 곳으로 내가 먼저 가 기다리겠다

— 황지우, 「처마끝 먼 西天」

두 가지 종류의 연인들이 있다. 너무 일찍 만난 연인들과 너무 늦게 만난 연인들. 너무 일찍 만난 연인들은 자신들이 진짜 원하는 것이 무엇인지를 알지도 못한 채, 5월의 달콤한 공기 속을 둥둥 떠다니다가 왜 헤어지는지도 모르는 채 헤어질 것이다. 너무 늦게 만난 연인들은 이제야 자신이 원하는 것을 알게 되었다고 생각하는 사이에, 그것을 얻기에 그들은 너무 무기력하고 지쳤으며 세상은 두려운 곳이라고 여길 것이다.

어떤 경우든, 어느 오후에 연인들의 머리 위로 눈부시던 환한 빛이 결국 돌이킬 수 없는 어둠을 불러들이는 신호라는 것을 알게 된다. 반짝이는 호수 위를 떠다니던 붉은 구름의 문장이 의미하는 것이 무엇인지, 연인의 흔들리는 어깨를 멀리서 알아보았을 때의 가슴의 통증을 다 알아내지 못하고, 끝내 그 이미지를 기억조차 하지 못하는 순간을 맞이한다. 함께 나눈 시간들이 사실은 서로 이해받지 못한 개인적 방언들로 가득 차 있었다고 생각하게 된다. 세상의 비밀을 눈치채는 순간은 이미, 금방이라도 입안으로 흙이 쏟아질 것 같은 두려움과 공허 때문에 아무것도 할 수 없다. '내'가 느낀 뼈아픔과 '내'가 함부로 사람에게 저지른 잔인함의 무게를 저울질하는 것은 무의미한 일이다. 이제는 사랑을 믿지 않는 그만큼 더, 유연하고 능숙해진 자신을 발견하게 된다.

삶이란 얼마나 위험한가? 지름 1킬로미터의 소행성이 지구에 떨어져 한 도시가 사라질 수 있으며, 어떤 항생제도 듣지 않는 슈퍼박테리아가 창궐할 수 있으며, 하루 종일 뉴스에서 불타는 섬을 보게 될 수도 있다. 어느 날 18층의 엘리베이터에 갇히게 되거나, 통장의 잔고가 바닥이라는 것을 알게 되거나, 가장 가고 싶었던 여행지에서 치명적인 풍토병을 얻게 되거나. 심야에 중앙선을 넘어 오는 육중한 화물 트럭의 불빛을 피할 수 없는 순간이 올 수도 있다. 불행과 고통은 언제나 그렇듯 무례하게 방문하는 법이다. 그래도 그런 이유로, 삶이 시시각각 재앙이라는 이유로, 아무것도 하지 말아야 할까?

그들이 사랑한 시간이 얼마나 될까? 그들이 마주 앉아 연인의 턱 밑의 희미한 점이나 회색 니트 위의 작은 보풀마저 매혹과 안타까움의 대상으로 바라보았던 시절은 얼마나 될까? 연인의 떨리는 허리를 파고들며 지금 세상이 정지하는 것이 차라리 나을 것이라고 나지막한 주문을 외우던 순간은 얼마나 될까? 아마도 가장 흐릿한 별빛이 지구에 간신히 도착하는 시간에 비하면 보잘것없는 짧은 순간일 것이다. 그래도 그런 이유로, 사랑의 순간이 너무나 짧다는 이유로, 지금 눈앞에 있는 연인의 왼쪽 손목을 어루만지는 일을 그만두어야 할까?

    그들이 처음으로 함께 건넜던 건널목 앞에 다시 서 있다면…… 그 건널목 앞에서 우연한 열정에 사로잡혀 서로의 손목을 잡았던 순간은, 해독할 수도 없으며 정확하게 기억할 수도 없다는 것을 깨닫게 될 것이다. 지금 그 거리의 한쪽에는 어수선한 공사가 진행 중이고, 차도를 가득 메운 자동차의 붉은빛들은 이 거리의 비밀을 전혀 알아채지 못한다. 사랑의 흔적을 찾는 일 따위는, 사랑의 시간을 몇 개의 문장으로 요약하는 것만큼이나 무모하다. 우연히 '당신'의 오래된 머리카락이 침대 아래에 몇 년 전의 먼지들과 함께 뒹굴고 있는 것을 보고, 예리한 고통이 정수리에 파고드는 것을 느끼지 못한다면, 그제야 '나'는 그 무감한 시간들에 대해 조금 울어주어야 한다. 다시 이 건널목 앞에서 자신의 무심함에 대한 뼈아픔이 밀려온다면, '나'는 떠나야 한다.

        '당신'이 없는 곳으로, '내'가 없는 곳으로,
        그러나 어쩌면 '당신'이 갈 수도 있는 곳으로.

    사랑의 미래가 없다고 생각하는 순간, '우리'는 사랑의 미래를 향해 떠날 수 있다. 어떤 희망도, 어떤 목적도, 어떤 대가도, 어떤 이름도 없이. '내'가 살아가야 할 세계가 어딘가에 남아 있고, 그 하늘의 늙은 그림자 아래서 '당신'이 늦은 아침밥을 먹고 있다면, '나'도 한 숟가락의 밥을 뜨고 다시 길을 나설 수 있다.

나는 당신을 기다리지 않겠지만,

내 걸음이 당신의 미래에 이르게 된다 해도

당신 놀라지 말아요.